玻璃心是因為真的受傷了

유리멘탈을 위한 감정 수업：사소한 일에도 상처받고 예민해지는

李季貞 이계정——著
馮燕珠——譯

高寶書版集團

序

每一種情感都其來有自

那天，在公司得知考核成績並不理想。我不記得前來傳達這個消息的人是否察覺到我的心情。這絕不是一件沒關係的事，但是我卻不只一次用刻意明朗的聲音說：「我知道了，沒關係。」

事實上我一點都不覺得沒關係。意想不到突如其來的結果，讓人感到不知所措和失望，傾注熱情投入的工作，頓時讓我感到空虛，為了處處顧及別人的目光而身心俱疲。負面情緒在一瞬間湧起，然而我卻想逃避，於是便「裝酷」，把憤怒、傷心、失望和孤獨深深隱藏在內心深處逐漸萎縮。看著明明有關係卻裝作沒關係的自己，感覺很狼狽，只好藉酒澆愁讓身心麻木。

很多時候，我們都會逃避自己的情緒。某個傷心的午餐時間，獨自坐在咖啡廳一角，用溫熱的豆乳拿鐵和著眼淚一起吞下；明明不抽菸，卻把香菸藏在包包裡，就像子彈上膛一樣，在有「想來根菸」那樣的情緒產生時以備不時之需。為了讓動搖的心平靜，而度過不眠的夜晚。很想知道，到底要怎麼做才能避開「壞」情緒，好想擁有一顆堅強的心，不被情緒任意左右，卻在過程中因自責和督促而使自己更憂鬱。

在透過學習深入探索內心的過程中，我逐漸了解，心會感到受傷並非全然是我的錯。承認「並不是沒關係」並非什麼丟臉的事，那些過去「裝作沒關係」的時刻，其實一直留在我們心底，持續帶來痛苦。

沒有什麼情緒一定是壞的，也沒有應該感到丟臉的情緒。情緒只是一種信號，當得到自己所想要的東西時，會產生積極正面的情緒；如果受到挫折，就會產生消極負面情緒。唯有傾聽這些情緒帶來的信號，才能了解自己的需求，傾注適當的努力。我唯一需要的，是能小心翼翼地敲擊像玻璃一樣易碎的心和「自我認同」。

或許我們都知道，淒涼的感覺再怎麼掩蓋也不會消失，自責的感覺不是單純逃避就能解決，我們只能逐一體驗進入人生中的各種艱難情緒。即使過程很痛苦，也要學習與心靈一起共度、理解、轉化的方法。那是生活、成長與治癒的過程。

我想與諮詢者們一起堅持，面對有時想逃避、甚至無法忍受的艱難情緒，因此寫了這本書。如果讀者們能透過這本書，在生活的各種風景中發現自己最熟悉的情緒，了解對自己最重要的需求，那麼我就別無他求了。所謂情緒，就是告訴我們什麼才是自己最需要的。

希望這本書可以幫助你擁抱在人生旅途中遭遇的各種情緒、那些向你發出生命信號的情緒。那麼，我們的心就會更平靜，更能支持我們創造美好生活。

目次

序　每一種情感都其來有自　003

一　人生，就是在無意義中尋找意義　013
——關於空虛
想尋找生命的意義／雖然停了下來，但你需要更紮實的休息／明明在一起，為什麼好像只有我在，而你不在？／停下來才能看見／永遠都無法填滿／需要留白

二　不要失去屬於自己的光芒　031
——關於羞恥心
我不值得被愛／不能說不知道／被他人的眼光定義時／有著特別易碎的心／不用再努力也沒關係／你真的很不錯

三　你的心永遠是對的
——關於孤獨
希望可以在一起／為什麼只有我是獨自一人／想在死面前求生／任何人都會孤獨／從細微的小事開始／有黑暗才能看得到星星
047

四　最人性化的一面藏在眼淚裡
——關於悲傷
一路走來失去了無數時間／想找回迷失的自我／失去所愛／一步一步向前走／以悲傷治癒悲傷／流過多少淚就能笑得多開懷
061

五　只要盡了全力，就算跌倒了也沒關係
——關於憂鬱
不停奔跑的時光／為愛而生這句話／與其爭執，不如我來負責／別再掙扎了，向別人求助吧／有時也該憂鬱一下
077

目次

六　愛多少恨多少
——關於失望
請相信我／我在這裡／世上只有我一人／小心翼翼地靠近／
期待越多，失望越大
091

七　要停才能再飛
——關於疲憊
我不是機器人／獨自一人很無聊／想自由地翩翩飛舞／生活和玩樂
同樣重要／從單純的東西開始一點一點填滿
107

八　情緒也需要紅燈
——關於憤怒
只是想好好過日子而已／還好把憤怒發洩出來／請聽我說話／
憤怒成為我的武器／先暫停一下／與自己和解
119

九　不完美更美　133
——關於不安
如果不完美，就是不好／不再相信愛／消失的東西／不安總有一天會過去／一點一點的洩氣／動搖了也沒關係

十　偶爾看看獨處的自己　153
——關於寂寞
在人生的中間點／當痛苦吞噬我的時候／為了像別人一樣生活／為毫無意義的事情獻出熱情／成為彼此的夜晚／只為自己做的事

十一　逃避之處沒有樂園　171
——關於罪惡
可以得到寬恕嗎？／一切都是我的錯／這是為了誰的人生呢？／觀察心靈的根源／面對我的真心

目次

十二　想要自由就得拋棄面具——關於無力　187
從哪裡開始出錯的？／想表現得更好／鎖住被囚禁的情緒／接受意志力有限的法則／喚醒生活的感覺／逃跑也有幫助

十三　人生最好的伴侶就是自己——關於疏離　205
討厭敏感的自己／雖然在一起，但感覺卻像一個人／不想受到關注／有時身體比你想得還快／無條件站在你這邊

十四　不幸的人執著於自己沒有的——關於嫉妒　223
不想承認／應該是屬於我的，但我並不愛／誰都贏不了我／羨慕就羨慕吧／更愛我和你的機會

一 人生，就是在無意義中尋找意義

——關於空虛

想尋找生命的意義
雖然停了下來，但你需要更紮實的休息
明明在一起，為什麼好像只有我在，而你不在？
停下來才能看見
永遠都無法填滿
需要留白

有時候會感覺心裡空蕩蕩的，好像被打穿了一個洞似的。就算有緊湊的行程，心裡還是感到空虛。雖然努力奔跑到達目的地了，但似乎並不覺得開心。

「空虛感」是會突然襲來並引爆心靈的奇異情緒。它並非不安或恐怖那類破壞性的情緒，但當我們感到空虛時，常會陷入束手無策的情境之中，同樣地，當聽到別人說「好空虛」的瞬間，我們也會不知所措。也許正因如此，空虛感很容易轉化為另一種情緒，例如悲傷、憂鬱或孤獨。

想尋找生命的意義

秀仁離開原本工作的職場，成為自由工作者。還是上班族時，每天只能按照排程工作，讓她感到很吃力。現在她終於可以發揮自己的專業，同時又能自由自在的生活了，內心充滿了似乎能找到某種意義的模糊期待。

剛開始成為自由工作者，一切比想像中順利。以前當上班族時，每天早上匆匆忙忙準備出門上班，當時根本想像不到現在的愜意日常。睡到自然醒再不慌不忙地起床，做瑜珈伸展一下，然後悠閒地喝咖啡、吃美味的麵包當早餐，一邊輕鬆看散文或詩，伴隨著古典樂，充實地度過早晨時光後，再正式展開一天的工作。

但日子一久，自由工作者料想不到的缺點卻重重襲擊了秀仁，這個缺點就是沒有所謂的「下班時間」。因為自由工作者必須盡力爭取並完成工作，提高自己的商品價值，甚至還要宣傳自己，而這一切都是秀仁必須一肩扛起的責任。

自由工作者完全沒有辦法安心休息，固定的工作時間只是理想而已，而且因為工作空間和生活空間並未分離，所以也很難透過個人生活緩解工作壓力。工作多的時候有分身乏術的煩惱，但沒有案子時又會擔心。

就這樣過了半年，這天秀仁原本排定的工作全都取消了，她癱軟似地躺在地板上，從此之後她常常發呆，躺在床上時腦中想著「就這樣消失吧」的時候也越來越多了。

秀仁一直希望自己的生活過得有意義。從小到大，看著一輩子為了家人溫飽而忙碌的父親，以及身為家庭主婦在養育孩子和家務間不停奔走的母親，讓秀仁感覺到「那樣的生活真是累又無趣」。對外界的評價過於敏感，以子女的成績作為追求成功目標的生活，感覺就像空殼一樣。看著這樣活著的父母，秀仁下定決心，絕不要成為窮忙卻空虛的人，要擁有人人羨慕、具有意義的生活。對她來說，人生就是必須填滿各種意義的課題。

生去意義的人生是空虛的，正如存在主義所說，人類的有限性使幸福成為可能。人總是為了「什麼」而活，而這個「什麼」能讓當下的我們獲得滿足感，才可說是真正的「活著」。但是並非所有事情都能如我們所願，世界充滿了不確定，由無數的偶然組成。因此，當然會有不管再怎麼「努力」也做不到的事，如果不能接受這個現實，就很難感到滿足。若是執著於要什麼事都必須有意義，就會把自己禁錮在必須不斷的做（doing）的強迫之下，而無法欣然接受現在既存的本質（being），也無法察覺瞬間顯現的意義。

因此，雖然「為什麼要努力工作」、「為什麼要拚命追求前進」這些意義性的問題很重要，但經過充分的思考後，要了解自己是為了什麼目標而被牽引，並好好地沉浸享受這個過程，不要急躁，珍惜當下屬於自己的時間。

若察覺到危險信號出現，就應該先暫停。當秀仁腦中不時浮現「好想消失」的想法時，她疲憊不堪的心裡真正想要的是什麼?秀仁的心中否定父母的生活，甚至還試圖否定她自己的生活。無法治癒傷痛，無法與過去和解，感覺孤立無援只能用負能量支撐著。

秀仁需要幫助。她的空虛感源自於小時候因為沒有受到父母關愛而造成的傷口，它們需要時間癒合。

雖然停了下來，但你需要更紮實的休息

定妍在完成一個大型專案之後，頓時被無力感包圍。與交往四年的男友分手之際，連悲傷的時間都沒有，就突如其來接到工作，大家都說這個工作很重要，於是定妍連喘口氣的時間都沒有，就一頭栽進工作裡。但是當她把悲傷化作能量，不分晝夜地埋頭苦幹，成果卻不如預期。當初因為專案內容是她的專業領域，所以公司理所當然把工作交付給她，但是她不僅沒能發揮應有的實力，似乎連運氣也不怎麼好。

公司內隱隱流傳著對定妍的責難，甚至有的上司明目張膽地罵：「女職員就是這樣，根本不能信任。」定妍再也忍受不了了，放下手邊的工作請了半天休假，但她不想回家，一想到媽媽看到女兒大白天不在公司上班

跑回家一定會大驚小怪，就覺得可怕。她漫無目的地在街上走，偶然看到一間商務飯店就進去了。

商務飯店的房間很大，定妍躺在雙人床上，閉上眼睛。這段期間累積的所有疲勞此刻都落在眼皮上，薄薄的眼皮無法承受重量，最後壓跨了淚腺。眼淚如同關不住的水龍頭一樣，簌簌地流下來。

「我還好，只是……。」

有一段時間，定妍的身心彷彿不停奔馳，從無休止，如今似乎再也跑不動了。在察覺到男友想提分手的前兆時；在無理的工作堆到自己身上時；當意識到自己有苦說不出時；還有在家人面前露出疲態，媽媽卻用擔心的語氣說：「妳好不容易才進入公司……」時，這一切都讓她感到厭倦。

找不到一處能夠安放自己的地方，她只能堅持跑下去，就像以重量為動力向前衝的坦克一樣，需要暢通無阻地持續奔跑。然而一旦停下腳步，她便悽慘地倒下了。就像突然被從某處飛來的砲彈擊中，胸口被打穿了一個洞。

需要時間處理的事，卻沒有時間去處理，會怎麼樣呢？結果不是很糟糕，就是看起來好像還不錯，但實際上全是假象。沒有時間，即便真心誠意想完成某件事也是不可能的。不論是工作或離別都一樣，被時間追著跑、身心俱疲之下的成果，不管質與量都會下降。如果像定妍一樣被交付不合理的工作，那麼在過程中累積累的憤怒，說不定會扭曲結果。

那麼當失去了重要的人時又如何？在各種不同的失去中，「哀悼」都需要一定的時間和精力。在不同的階段中，感情會發生變化，需求也會發生變化，因此哀悼並不是一定能夠一股作氣完成的事。面對失戀，定妍需要一段自我療癒的時間，甚至是在感受到失戀前兆時，就應該停下來回顧。然而定妍像沒發生任何事一樣的逞強，最終被空虛擊倒。在裝作若無其事、忽略那些感覺之際，她的心已在不知不覺間被穿透了很多洞。

定妍需要的是休息。給受傷的自己回顧過往的時間，與不合理對待劃清界限的時間。在掩蓋傷痛、假裝不在意，為了取得另一個成就奔跑前，應該先告訴自己：「我現在真的累了，我要休息一下！」無法再滿足家人和公司的期待，承認自己的侷限，堂堂正正地提出需要時間充飽電，才能繼續向前。當定妍躺在鬆軟的床上時，她的空虛感正在告訴她真正需要的是什麼。

明明在一起，為什麼好像只有我在，而你不在？

交往滿二年這天，夏英不知為何陷入莫名無力的情緒中，什麼都不想做。在交往期間當然並非事事美好，但也不曾有過像現在這樣的心情。並不是哪裡出了錯，也不是說彼此為了什麼事爭吵或生悶氣，但是最近頻頻出現情緒憂鬱、讓對方也感到不自在的狀況，夏英有時甚至還有種莫名自慚形穢的感覺。心裡像是缺了一角空蕩蕩的，就像傳訊息時對方隔了很久才回覆，或是與他相對而坐時，中間隔了張很大的桌子似的。時空的距離像一輩子那麼大，夏英的空虛感同樣也變得很大。

開始感到空虛是從和男友討論到結婚話題時。原本夏英是抱著不婚主義，因為自己父母的婚姻並不幸福，她從小看到大，在幾次無寂而終的戀愛後，她明白了要永遠愛一個人是件非常困難的事，於是她決定不婚。面對在逐漸信任和依靠的時突然像風一樣離開的對方，夏英也會酷酷地說「再見！」然後轉身。她為那樣的自己感到自豪。

然而現在的男友卻讓她開始動搖，慢慢地在她的心底紮根，越來越深。未來若是和他一起生活似乎也不錯，夏英開始有了這樣的想法。趁著恰好參加同事的婚禮，夏英若有似無地聊了一下婚禮狀況，但男友沒有任何回應。

在相戀的關係中雙方不可能一直維持平衡，一段關係有時會在你來不及意識到的時候傾斜。而在某個瞬間，察覺到對方的心正逐漸冷卻時，危機也同時悄悄降臨。雖然相愛的程度不相上下，但各自想要的東西卻可能不同，在心理學上會區分為手段和欲望。結婚只是一種手段，不想結婚並不代表不相愛，但即便如此，不平衡的感覺仍無法平息，似乎必須做個了斷。既然感到空虛，就該收回自己的心？還是應該嘗試對話，朝著寂寞一步一步走下去？

在這種情況下最重要的是鼓起勇氣，根據當下感受到的情緒，正視自己真正的需求。如果不要只是說「今天去參加〇〇的婚禮」，而是用「今天參加了〇〇的婚禮，讓我也開始考慮結婚的事」這樣的說法明確地打開話題，結果會怎麼樣呢？夏英不該只是觀察男友的臉色、暗自推測他的心思而感到失望，就此認定彼此之間的隔閡，而是應該勇敢地點出目前雖然在一起，但卻有孤獨的感覺。或許夏英會發現兩人各自都需要一點時間，關於結婚的話題就暫時跳過，先把重心放在目前在一起的時光。

在不知所措的情況下，夏英迷失了。無法溝通而彷徨的心情使她只能無助地停留在原地。夏英的空虛感，正是宣告自己想溝通、想找到重要問題答案的心面臨失望受挫時的真實感受。

停下來才能看見

我們都會不知不覺嘆氣，有時因為太鬱悶了而嘆氣，但有時卻感覺像是為了填補不存在的心靈缺口而嘆氣。

如果遇到這種時候就先停下來吧，不要繼續在感到空虛的心中塞滿雜念。在空蕩蕩的空間裡緩緩呼出氣，慢慢創造能量，撫慰一直追逐意義而不停奔跑努力的身體，以及為了掩蓋疲憊的心而耗盡所有能量、被掏空的自己。當遇到無法穿越的牆而感到孤獨時，就應該先停下來喘口氣、調整呼吸。停下來問問自己：

「成功有什麼好處？」

「到底為什麼要追求更多的成就和成功？」
「我從什麼時候開始那麼執著成功？」

在回答這些看似理所當然的問題時，我們會發現更深層次的自我，也許會遇到小時候那個孤獨的我，總是覺得要做點什麼才會有存在感。如果聽到心裡有個聲音說：「如果不能到達更高峰，而只是一直停留在原地，就是一無是處的人。」就表示你應該擁抱內在那個一直飽受煎熬而畏縮不前的自我。

永遠都無法填滿

努力工作，在工作上創造無數的成就，並不代表人生就會因此而被填滿，況且被工作填滿的人生只會給人壓迫感。成就是人生的過程之一，並不能成為人生的本質或作為評價人生的依據。要記得人際關係中的主體還是自己，就算與朋友、情人、家人度過無數美好的時光，但那些時間是無法永遠留住的。

有時候，待在某些人身邊時，我們反而會覺得更加孤獨。明明期待著可以面對面交流，但見了面卻只是各說各話，此時感受到的空虛正告訴我們，很遺憾，人生是有極限的，我們只是過著被賦予的人生，而人本來就是孤獨的存在。

這種情境看起來好像很悲觀，但事實並非如此。換個角度想，既然超出界限之外的情況是人類無法控制的，那麼在有限的人生之內，只要盡心盡力即可，毋須過度費心，我們該欣然接受結果和適度休息。

或許有人會問，那為什麼要盡心盡力呢？既然是自己在過的人生，活得有趣一點不是比較好嗎？愉快地工作，有時在過程中發現意義、得到成長。凡事不強求，若順利取得成果，自然會得到成就感。人際關係方面就不用多說了，比起總是一個人獨處，不如試著享受與他人交流的時間，即使短暫，相談甚歡之後再回到屬於自己的時間，感覺會更好。

需要留白

試著想像一下在生活中留白。為了某個目的忙碌而疲憊，當有一天空虛感襲來，就代表現在的你需要一點空隙。心理上感到多空虛，在物理上也需要相當程度的空白。就算現在好像沒什麼成就，要相信生活也中也有亮光，安心接受自己需要休息的事實。為了深入了解自己，就趁這個機會調整呼吸，暫時保持距離，原原本本地保留這段空白時間。

如果可以，就向周圍的人求助吧。當空虛感襲來時，如果把自己隱藏在一個人的世界裡，只會產生更深的孤立感，很容易變得憂鬱，凡事都想得很悲觀，甚至說不定會想斷絕一切人際關係與事物。因此，在休息的空白時間，不如和值得信賴的人分享一下自己的心情。在訴說空虛感受的同時，你也可以喘口氣，產生新的能量，然後鼓起勇氣慢慢地再站起來。只要有人願意等待並傾聽，空蕩蕩的心也能被理解接納。

若無法領悟自己擁有什麼，那麼擁有就不具意義。當戀人離去，才了解對方的珍貴；離開家人獨自生活，才會感受家人帶來的力量；失去自我之後，才明白「我」存在的價值，雖然有些遺憾，但是這些失去也會成為一種慰藉。

試想在一間新開的咖啡館裡零零散散地出現了空位，那些空白創造了可能性，讓人們樂意在那個位置上填補時間。而密密麻麻的空間、緊湊的計畫、忙碌奔波一刻不得閒的人，這一切讓我們多麼窒息啊。

用一些膚淺的對話打破沉默而製造的時間，只會讓人感到痛苦並危及人際關係。暫停、留白、沉默，日常生活中的空虛感，就像在提醒、警告我們，應該更真實的生活。

Tip

在有限的人生之內，只要盡心盡力即可，毋須過度費心，我們該欣然接受結果和適度休息。

二　不要失去屬於自己的光芒

——關於羞恥心

我不值得被愛
不能說不知道
被他人的眼光定義時
有著特別易碎的心
不用再努力也沒關係
你真的很不錯

常聽到人這麼說：「恨不得有個地洞可以鑽進去。」為什麼人有時會想像老鼠一樣鑽進屬於自己空間裡？因為感到羞愧、丟臉、難為情、不好意思，因為羞恥心在當下壓倒了自我，甚至讓人想否定自己的存在。小時候有沒有被處罰過，只穿著內衣褲就被趕出家門？還記不記得在全班同學面前，被老師叫到講臺前打屁股？如果你也曾經因為火辣辣的臉頰而不知所措流下眼淚，那你應該了解羞恥這種情緒是多麼地殘酷。

心理學家將罪惡感和羞恥感分開解釋。偷東西感到內疚與罪惡感，是對偷竊這個行為產生的情緒；相反地，羞恥的產生，則與否定自我存在有關。簡單來說，會感到羞恥不是因為我做了壞事，而是認為自己是個壞人，總覺得哪裡出錯了，害怕自己不被世界接受，甚至覺得沒有人會喜歡自己。羞恥就像深沉的陰影，覆蓋住「我」這個小小的存在。

我不值得被愛

俞利總是重複談著不對等的戀愛。她太容易愛上一個人，而且一旦愛了就像飛蛾撲火，付出所有一切，但到最後結局總是對方轉身離開。她總是把對方放在第一位，竭盡所能地對他好，從來都不生氣、逆來順受的她，在不對等的戀愛關係中總是受傷的一方。

俞利非常喜歡現在的男友，甚至有結婚的打算。在她眼中完美的男友一句喜歡就能讓俞利開心半天，男友稍微對她好一點就充滿感恩，總是要連說好幾次「謝謝」。如果半天沒有聯繫，她也只是默默等待，直到對方主動聯繫為止，根本不會想到因為沒有安全感而生氣。這天男友從海外出差回來，見到俞利一句話也沒有說，扔給她一個一看就像是從機場免稅店順手買的口紅。在他的冷漠面前，俞利不知所措。

回家的路上突然覺得腿涼颼颼的，低頭一看，這才發現自己竟然穿了雙有破洞的絲襪。啊！俞利看著破掉的絲襪，對醜陋的自己充滿厭惡。

「如果他跟我提分手，一定都是因為我不夠好！」

感到羞愧的俞利想得到愛，她需要能夠為她抵擋從破洞灌入冷風的溫暖存在。她希望有人能告訴自己，無論妳原本是什麼樣子，都是足以被愛的存在。

但是，她先是否定自己，堅信自己無法完全被愛，接著使用錯誤的戰略：「只要無條件地接受並配合，他就會開心，就會喜歡我。」這樣的想法讓她變得越來越渺小。對方不知道她想要什麼，就算對方的任性要求俞利也會配合，久而久之對方就會感到無趣。俞利岌岌可危地維繫著充滿不安的關係，結果就是雙方的差異性反覆出現，她只是一再認定所有問題都是因為自己的不足，並感到羞愧。

俞利在與戀人的關係中產生的羞恥感受，是出於「我不值得被愛，有誰會愛沒用的我？」這樣的想法所帶來的情緒。羞恥感的背後是受挫的感情，如果她能發現這一點，就應該先愛自己，對戀人無禮的行為發火，而非百依百順。

想大大方方談一場對等的戀愛，渴望得到愛的心因被無視而無力崩潰時，羞恥的感覺會襲捲而來。俞利的羞恥感，就像是在警告她，別再讓自己在戀愛關係中變得更悲慘。

不能說不知道

最近成燦突然變得急躁起來，升職的同時責任也相對變重，常常整夜輾轉反側，早上起床精神也不好，時常這樣急急忙忙去上班，也很容易感到疲憊。

進入公司已經十年了，他在一年前才被調到現在這個部門，在業務上當然還是有些不熟悉的地方。即便如此，要他承認自己「不知道」是件不容易的事。但是只有承認不知道，才有機會能問清楚解決辦法，也才能提高實力。成燦無法拉下臉，所以總是在原地跺腳乾著急，偏偏在這種情況下，他必須在主管面前進行簡報，同時現場還有後輩們也會一同參加，所以他的心理壓力很大。加上過去成燦的簡報一向獲得好評，大家對他的期待也很大，他只能反覆告訴自己一定沒問題的，就這樣進入會議室。

輪到成燦進行簡報時，當他從座位上站起來的瞬間，身體突然像被荊棘刺到一樣渾身顫抖，臉一瞬間漲紅，腦子裡一片空白，什麼話都說不出來。整個會場就這樣一陣靜默，成燦尷尬得不知所措。從那次之後，成燦就變得很害怕站在人們面前，這種苦悶他也無處可以宣洩，要他在人前盡顯醜態，還不如死了算了。

害怕站在人們面前的成燦，認為「如果做不好，就沒有活下去的價值」。學生時期每次獲得好成績時，父母都非常高興，所以成燦一直認為：「必須得到好的評價，取得一定成就，才能得到大家的喜愛。」這樣的想法伴隨他的成長已經深植心底。要考上好大學、找到好工作、取得好的成就，「只有持續有好的表現，大家才會覺得我是個優秀的人」，這種想法讓他不容許任何失敗。

像成燦這樣的人希望能一直取得成就，如果做不到就會感到很羞愧，覺得沒有臉見人。但是沒有人是一生順遂、沒經歷過任何挫折就成功的，這個世界並不存在隨時隨地都表現完美的人。因此，不管現在成燦有多麼想要得到某種成就，也得先承認自己的不足並放下自尊。

承認被羞恥心擊垮的自我並尋求幫助的同時，也代表接納不足的自我。在這種情況下，一方面能夠建立自我認同，另一方面也可以逐漸釋放被羞恥心所束縛的痛苦。成燦的羞恥心正是讓一直以來為爭取成就而馬不停蹄的他領悟另一種新生活的觸發點。

被他人的眼光定義時

姜美是同性戀者，雖然現在公開出櫃的人越來越多，支持和認同的聲音也越來越大，但她仍無端害怕人們的視線。每當面對與同性戀有關的偏見時，心情依然會感到複雜和痛苦。

姜美是在高中時發現自己的性向與眾不同。當時姜美就像走在迷霧中一樣，茫然摸不著方向，也無法與人傾訴自己的煩惱。不僅是家人，即使是親密好友也無法坦誠以對，漸漸地姜美越來越封閉，遠離朋友，覺得沒有人了解自己而陷入孤獨。這種情況一直持續到她上了大學、加入社團，開啟了新生活。她不用再獨自苦惱，也不需要隱藏，獲得前所未有的自由，讓她的生活變得充滿朝氣，同時也讓她更深刻地感到過去多麼痛苦，她一點都不想再回到那時候。但就在她公開出櫃後，周圍有些人表示因此而受到衝擊，聽到他們的反應，姜美開始感受到另一種茫然的恐懼。

世界充滿了不確定，為了不受到傷害，人們不得不小心翼翼地生活。而努力保護自己之際，內心深處卻像被針扎了一樣刺痛。腦海中對不正當的狀況感到生氣，卻又無法表達只能悶在心裡，最終還是只能收起尋求理解的心願躲進洞穴裡。姜美的心底沉積著無解的軟弱情緒。

歧視像空氣一樣擴散，姜美感到既羞又愧，痛苦得難以面對。沒有人應該因為天生的模樣被評價、被排擠，但儘管如此，當我們暴露在隱約的暴力中時，多半會反問自己是不是有什麼問題。

「我真的很奇怪嗎？」

「這一切都是我的錯嗎……」

如果這些想法長期累積下去會有什麼結果？能夠反映自我內心狀態的重要情緒被壓抑，最後連自己都無法了解自己。不了解自己，那麼面對這危險的世界會有多茫然、多害怕呢？有時費盡心思假裝自己什麼事都沒有，心中卻又同時對懦弱的自己感到寒心和羞愧。

對於姜美來說，這個世界讓她感到不安全、很可怕，否定自己的存在，很容易被孤立。性少數者的自殺率普遍偏高，由此可知當自身被被否定時有多麼痛苦。在異性戀者被視為理所當然的社會氛圍中，同性戀者自然成為一種具有「缺陷」的怪異存在。雖然多數並不代表正確，但現在願意承認、接納他人的差異並勇於支持對抗歧視的人還是少數。

在目前這個公開出櫃仍需要很大勇氣的社會中，姜美希望能獲得尊重。羞恥心的出現，其實是提醒她要堂堂正正地告訴別人自己是什麼樣的存在。這不是妳的錯，妳不是沒有用的人。「沒用的人」這種想法的另一面，是在內心深處渴望主張自我的聲音。

有著特別易碎的心

在各種所謂的負面情緒中，有個特別難以面對的情緒，就是羞恥心。讓我們回想一下，自己一個人痴痴等待的時間有多麼孤獨。因為對方沒有聯繫而感到不安，等到不耐煩、厭倦了，想著他怎麼一點都不了解我的心而生氣。

但是如果在終於與對方取得聯繫時，把等待期間的心情告訴他會怎麼樣呢？你也許會羞愧得連話都說不清楚，覺得當時自己因為對方而心情如此波動很奇怪，很難坦率地說出來，最後將所有情緒都塞進羞愧中迅速帶過。「是不是出什麼事？我很擔心你啊。」即使這是自己真正的感受，也因為羞愧而不願面對。

這種人的心非常柔弱，很容易就被擊碎。如果是因為與自己存在本身有關而感到極度羞恥，甚至會有生不如死的想法。這並非因為犯錯而退縮，而是對自我的懷疑，覺得自己是個異常的人，變得越來越畏縮。同時還擔心如果把那些負面情緒全說出來，別人都會覺得我是個沒用的人，所以只好往內一退再退，假裝什麼事都沒有，迴避自己的情感。但是這種掩蓋的方式無法解決問題，只會讓負面情感一再堆積，當累積到無法承受的程度時，就會選擇與對方完全斷絕聯繫的極端處理方法。

不用再努力也沒關係

不可否認，我們都想隱藏羞恥心。在向朋友傾訴苦惱後轉身回家的路上，是否曾覺得自己好像把垃圾倒給別人而感到心裡過意不去？是否曾在初次見面的人面前不小心曝露出自己的缺點，擔心「不知道他會怎麼看我」而臉頰發熱？是否曾為了得到他人的肯定而誇大自己的成就，結果被戳破受到指責而抬不起頭？

然而當感覺到羞恥心時，也是自我反省的契機，若能在類似心理諮商等能得到安全感的情境下，說出真正的心聲，勇敢面對羞恥心，雖然過程中會感到痛苦，但你會發現自己成長了。原本以為無法對任何人說的話，在真正說出口後會發現其實沒那麼嚴重。

或許需要一點時間，但一定會有一顆心與你產生共鳴，因為我們普遍都擁有同樣的需求，也許最脆弱的心，也是最人性化的心。

你真的很不錯

我相信人性本善，人人都是天生我材必有用，現在的樣子已經很好，在這險惡的世界中已經算不錯了。彼此相愛、取得成就、獲得肯定、登峰造極，還有守護自我存在的那些過程，都是非常珍貴和了不起。

因為不想讓父母失望，為了得到肯定，你嚴格督促自己成為他人的模範。你放棄了自己應該維護的權利，即使感到羞恥也會繼續前進，集中精力爭取自己想要的愛，對生活傾注熱情，即使有時會感到疲憊也不輕易放棄。或許在面對社會的偏見之際，你已經在為所有人創造更安全的環境方面做出了貢獻。

所以你真的已經很好了，不用再多努力也沒關係，現在應該停下來撫慰受傷的自己了。

為了得到愛而努力，被拋棄而撕裂的心；為了得到認同而戰戰競競跌跌撞撞的自己；明明沒有錯卻成為指責對象的自己，現在你該溫柔地擁抱畏縮的自己。

羞恥心是面對悲慘的自己時湧現的痛苦情緒，但要相信自己受了多少傷就會得到多少成長。用擁抱給予自己力量，你會了解，每個人都有自己的特色，不必強求別人愛你或假裝自己很厲害，也足以證明你真的是個很不錯的人。

Tip

或許需要一點時間，但一定會有一顆心與你產生共鳴，因為我們普遍都擁有同樣的需求，也許最脆弱的心，也是最人性化的心。

三

你的心永遠是對的

——關於孤獨

希望可以在一起
為什麼只有我是獨自一人
想在死面前求生
任何人都會孤獨
從細微的小事開始
有黑暗才能看得到星星

我們常聽到「孤獨」這個詞。有時是輕鬆的半開玩笑，希望得到安慰時，我們會說：「我覺得很孤獨。」但是真正孤獨的人不會說「我很孤獨」，或者說出口的同時，眼淚也跟著流下，因為真正孤獨的人內心會非常沉重。

真正孤獨的人會覺得這個世界上好像只有我自己一個人，即使痛苦到死，也不會有人了解我。「孤獨」不僅是單純地覺得感傷，還會與茫然、恐懼等生存問題有關聯。

希望可以在一起

新進職員智妍經常哭。從小大家都認為她精明能幹，無論做什麼都做得比其他人好，智妍自己也感到非常自豪。順利進入大學，畢業後也很快就找到理想的工作，雖然中間偶遇困難，但她最終還是克服困境達到自己的目標，感覺世界最終都是站在自己這邊。無論何時，只要努力就會有回報的信念鼓勵她不斷向前，從未想過有痛苦的時候。然而這一天，智妍第一次覺得世界彷彿背棄了她。

智妍所屬部門的工作難度比較大，從小常聽到的「妳一定可以做得很好！」這句話，現在聽來已經讓她覺得不耐煩。她漸漸變得急躁，想盡快在公司取得認可，但沒有人幫她。不，應該是說她無法去尋求幫助，因為她一直都是提供幫助的人。

她不想追著前輩們詢問，那樣只會顯露她的不足。但失誤越來越多，終於智妍崩潰了。主管幫她彌補了工作上的失誤，並要她休息一段時間，但這樣的體恤並未讓智妍的不滿情緒消失，她無法忍受脫離當前的狀態。

智妍希望得到歸屬感。雖然有程度上的差異，但人們通常會因歸屬於某個地方而得到安全感。因此，即使與家人的關係並不融洽，有時仍會因為有家庭這一藩籬而感到安心。許多大學生選擇延畢並同時準備就業也是同樣的原因，求職充滿不確定性，維持學生身分可以緩解一些不安。

這樣看來，歸屬感也是一種對「我」這個角色的體現，是確認自己是否具備存在價值的機會。在家庭中，當身為爸爸和丈夫的角色扮演得很稱職時，就會感到欣慰。相反地，如果得不到家人的尊重，就會覺得自己是不是做得不夠好，而失去自信，最後在家裡逐漸成為可有可無的存在，變得無比孤獨。

這個社會是以角色連接起來的關係，如果角色消失了，人就會完全孤立。可以說，孤獨感有時會在歸屬感需求受挫時降臨。

為什麼只有我是獨自一人

敏雅四年前與男友分手，一直都是形單影隻。雖然年紀不小了，不太想繼續跟父母一起住，但她也不認為自己一定要結婚或需要一個伴侶，對於正努力累積專業經驗的她來說，暫時放下感情需求也好。

就這樣日復一日，有一天接到同事遞來的喜帖。雖然交情不到像閨蜜一樣可以共享所有內心事，但她們也曾一起高喊：「單身很幸福！」然而如今同事在他人介紹下認識了不錯的對象，交往之後很快就產生了一起生活的想法。同事興奮地告訴敏雅，現在才明白為什麼大家都想結婚，因為不再是「一個人」，也不斷地和她分享有伴侶的好處。

那天晚上回家敏雅就生病了。她覺得現在好像只剩下她是孤獨一人，壓抑許久的渴望一下子爆發。另一個人給予的溫暖可以帶來多麼大的力量和安定感，每當感到辛苦的時候，她其實是多麼渴望有個可以放心依靠的人。無法控制的淚水湧了出來，一想到在這世界上沒有一個人愛我，敏雅就感到分外孤獨。

敏雅想得到愛。看到身邊的人都找到另一半，出雙入對，敏雅不免希望自己身邊也能有那樣一個人。除了埋首工作拚命的熱情，她更想要擁有為某人著迷、心動的時刻。當她發現自己心裡真正的想法時，早已錯過許多可以自然而然發展感情的機會了。現在的她想要談感情已變得不太容易，所以內心反而更加迫切，沒有人陪在身邊的失落感越來越重。

如此渴望愛情的時候，我們無比孤獨。

想在死面前求生

進入中年的靜恩最近被診斷爲乳腺癌初期。聽到診斷結果那天她很平靜，但隨著時間過去，她開始陷入難以承受的情緒中。

結婚後生兒育女，還要同時兼顧工作很不容易，但這是很多人都會經歷的事，正恩覺得自己這一路走來算是過得還不錯，但是在知道被診斷為癌症後，心中唯一的念頭就是死期將至，不禁感到無比孤獨。家人當然會擔心並表示會陪她一起抗癌，但她卻不想多說什麼，也不想跟任何人交談。她無法對任何人說，光是努力活著就已經是多麼艱苦的戰鬥。雖然表面裝作沒事，但實際上並不好。雖然想得到愛和認可，但那從一開始就不帶希望的心，讓人顯得多麼淒涼。靜恩凝視自己早在很久以前就陷入無力的心，只能不停落淚。

一直以來，靜恩都在迴避自己的真實感情，與現實妥協。對未能充分給予愛和哀悼的歲月，摻雜了悔恨的孤獨。不期待任何人理解或愛自己，就不會有遺憾，她用這種方式與他人保持距離。說穿了，靜恩一直迴避生而為人的基本需求。

要給被死亡陰影籠罩的靜恩帶來生的希望，就必須回顧一下過去讓她擁有求生意志的瞬間，因為曾經有過那樣的瞬間，所以她才能一直堅持到現在，她怎麼會是孤獨一個人呢？對現在的她來說，即使有人在身邊，最後也無法在一起，選擇孤獨的同時也需要勇氣面對內心深處的恐懼。靜恩的孤獨，一方面是希望和所愛的人的關係能夠得到理解和共鳴，一方面也表現了獨自畏縮的心理狀態。

任何人都會孤獨

如果現在的你覺得孤獨，那麼就先和這份情緒稍微拉開距離，與自己對話：「你，現在覺得很孤獨吧。」

然後試著接受孤獨。

孤獨並不代表有什麼錯，只是你現在正好有那樣的感覺而已。

接著，再進一步觀察並理解當下的狀況。用懷著憐憫的溫暖視線看待孤獨，可以幫助自己好過一些。但也不要太深陷其中，因為一旦開始判斷，悲觀的想法就會不斷延續，最終給自己留下負面烙印。要記住，我只是現在覺得孤獨而已，並非是個「孤獨的人」。

只要是人，誰都會感到孤獨。即使有相愛的人，但並不能總是依靠對方；即使有家人、有心靈相通的同好，也無法凡事都能互相幫助、永遠不會意見不合。我們都會有感到孤獨的時候，而在那種時候發現最終只有自己時會感到空虛。當我們感受到孤獨時，就是時候客觀地看待這種所有人都會有的情感了。

從細微的小事開始

當我們接受了自己的情緒後，下一步要去關注在情緒背後的心。如果是一個原本感情就很豐富的人，會更難注意到情緒所發出的信號，因此必須保持一點距離觀察，觀察此時此刻感受到的孤獨想告訴我什麼呢？

回想一下過去自己曾經隸屬於某個地方，盡力扮演好自己的角色，得到周圍人們的認可的時候。就像遇到喜歡的人，兩情相悅的感覺一樣，那些曾經充滿美好的回憶是什麼樣子的呢？那些在想死的瞬間重新鼓勵我活下去的緣分，若回想起那些時刻，我會有什麼感受？現在這份情緒告訴我的，就是當下我需要的東西，或許他所要傳遞的訊息就是「想在一起、想得到愛，想擁有希望和勇氣」。

如果達到充分的自我共鳴，接下來就該向前邁進。可以暫時享受一個人的時光進行暖身，也可以以調整好的心情打電話給某人，也許你會意外發現，你並不是孤獨一個人。稍作停頓，環顧四周，你會發現至少有一個人是可以安心吐露孤獨心聲的人。

你也可以反省自己現在的生活，「在家中感覺被冷落，是不是自己也有責任？如果我換個方式，情況會不會改變？」騰出時間對辛苦的丈夫說「這段時間辛苦你了」，或對孩子說聲「對不起」，會有什麼變化呢？如果因此得到積極的回應，就能帶來力量。一直沒有對象這種事也一樣，這並非全都是自己的錯，換個角度想，正好把心力更集中在目前的工作上。

為了和某個人建立深厚的關係，必須做好放低自己的準備，那並不是減輕孤獨感的工具，而是尋找能夠共享彼此生活的夥伴。就像我想依靠對方一樣，也要讓自己成為對方可依靠的人，懷著好奇心傾聽對方的故事，多關心對方。

會感到孤獨或許是自己真的對其他人太漠不關心，也有可能是別人沒有給我靠近的機會。多傾聽別人、多展現自己，會發現可以嘗試的事比想像得更多。

有黑暗才能看得到星星

雖然孤身一人時心裡難免會感到愁苦，但也有好的一面，獨處有時也會成為力量。自己一個人獨處時更能集中精神，工作效率會提高，成果的完成度也會更高。

長時間沒有交往對象而認真生活的敏雅，投入到工作中的時間和精力增加，所以才能累積豐富的經驗。或許當下會感到空虛，但這一切都會成為生活中寶貴的資源，只要以現在所擁有的事物作為動力，鼓起勇氣與他人建立關係就可以了。

因為沒有人幫忙，也不懂得請求協助，獨自苦苦掙扎的智妍，也經歷過一段彷徨的時光，因此在成為別人的前輩後，她更能了解後輩的心情。在她安然度過孤獨地新進菜鳥職員時期後，慢慢地遇到了能帶給自己力量的人，自然會很珍惜彼此的關係。

在死亡面前感到孤獨的靜恩，在經歷這一段過程後，領悟到應該拋開表面假裝平順的生活，集中心力建立自己真正想要的關係。與家人之間調整出適當的距離，尋找解決方法，也可以獨自回顧自己的內心。

突然想起了韓國歌手曹允錫的歌曲，在平靜的吉他聲伴奏下像微風一樣掠過，但細看歌詞內容，實際上並不輕盈。

「就像人有無法抹去的烙印一樣。活著讓我成為罪人……。」

孤獨是普遍的。不只有我會孤獨，你也會，我們都會，所以沒關係，這不是誰的錯。聽著淒涼的歌詞，但歌手擁有溫暖的聲音。也許我們一樣可以在孤獨中找到溫暖的世界。孤獨的時候，向世界伸出手吧，這是在提醒我過去太拘泥於自己的內心世界了。先伸出手，向身邊的人求助。我也可以先向孤單的某人提供幫助。從那一瞬間開始，孤獨就會變成獲得感恩、快樂與愛的準備。

Tip

我只是現在覺得孤獨而已，並非是個「孤獨的人」。

四

最人性化的一面藏在眼淚裡

——關於悲傷

一路走來失去了無數時間
想找回迷失的自我
失去所愛
一步一步向前走
以悲傷治癒悲傷
流過多少淚就能笑得多開懷

結束疲憊一天，下了班回家路上，公車裡傳來了熟悉的聲音，一位很久以前頗受歡迎的歌手介紹新作品，他將自己如今已成為前輩的心境寫在歌曲裡。

以前只要推出新作品，理所當然就會有媒體記者爭相報導，然而現在他卻得面對「還能得到四顆星評價嗎？」的質疑。中年歌手的聲音和歌詞，聽起來非常契合，卻也讓人格外心痛。歌曲播畢，他向正在收聽過氣歌手新曲的聽眾誠摯地表達感謝。我也在心中慶幸，自己成為帶給他力量的聽眾之一。

如果有一種情緒必須與別人一起承受，那就是悲傷了。悲傷這種情緒，若獨自去感受的話，心理負擔會很沉重，幸好沒有比悲傷更容易產生共鳴的情緒了。因為人的生活是不斷失去與挫折的延續，所以每個人都會經歷悲傷。

沒有一種情緒像悲傷一樣會讓「我們」崩潰，同時又會將彼此的心織熱地連接起來。原本帶刺的心，在對方的悲傷面前也會變得無比柔和。

一路走來失去了無數時間

賢旭是個上班族，最近工作壓力很大。雖然覺得自己並不太適合服務業的工作，但他一直堅持不懈地努力。工作邁入第六年，好不容易業務上取得不錯的成果，卻被調到管理嚴格的分店，雪上加霜的是，分店的組長是公司裡出了名的老頑固，信奉七〇年代推動的新鄉村運動[1]精神，認為凡事只要「做就對了」。即便組織文化早已變了，但上司是個觀念守舊的老頑固，賢旭也無可奈何。擺脫陪上司應酬的聚餐，後果就是以工作來代替。業績不好，必須先解決結構性問題，但組長一點興趣都沒有，只是叫

1 韓國朴正熙政府時期推動的十年計畫，旨在縮短鄉村與城市的差距，基本精神為勤勉、自助、合作。

下屬無條件埋頭苦幹。賢旭盡了最大的努力，雖然知道已經達到極限了，但他還是不敢反抗組長。

來自他人的反覆指責最終變成了自責，賢旭不知從什麼時候開始質疑自己。

「是我不夠努力嗎？不是的……我每天都加班。那難道是我沒有能力嗎？是啊，我不夠好……。」

這樣的想法慢慢充塞在心中，賢旭的愧疚感越來越深，又難以對別人開口，只能一個人默默撫平疲憊的心身，卻因此更加憂鬱。複雜的心情讓他無法入睡，失眠問題越來越嚴重，導致白天工作的集中力和判斷力也變差。失誤次數增加，組長不留情面的人身攻擊發言成了家常便飯。

「難道我就是這麼一個沒有用的人嗎？」賢旭的臉上時時掛著愁容。這天聽到後輩問他的話，他終於崩潰哽咽。

「前輩，你為什麼這麼悲傷？」

賢旭一直覺得生活很費力。從小總是為了必須做什麼而做，真正想做的事只敢在心裡想一想就滿足了。以優異的成績考上了好大學，在有規模的大企業工作，家庭和諧。雖然也想隨心所欲、自在翱翔，但他相信那終究只是一場虛幻的夢。這就是人生，自己真正想做的事往往無法實現。

很多人把父母的夢想當作自己的目標而活。許多父母會下意識地強迫子女代替他們實現自己未能實現的夢想，或者要求子女凡事以家庭優先。久而久之子女也覺得人生就是這樣了，對自己真正想要什麼會覺得陌生，甚至害怕。但人的本能還是嚮往自由，這種時候又會陷入「我是誰？我到底為了什麼而活？」的苦惱中，捲入悲傷、痛苦的漩渦。

想找回迷失的自我

秀妍不想承認與男友漸行漸遠的事實。即便男友打電話來說最後再見一面，她也自我解讀這可能是另一個新的契機。「是啊，只要見了面一定會好起來的。」於是她帶著期待去赴約。

男友看起來泰然自若，完全不像莫名消聲匿跡了一個月的人。就像以前一樣，晚了三十分鐘才到，一坐下來就對秀妍品頭論足一番，挑剔她的穿著風格有問題，臉上閃過惋惜的表情，也沒等秀妍回話就進入正題。

男友似乎說了聲抱歉，退還了具有特別意義的禮物。秀妍靜靜地聽著他說話，試圖挽留。我們不應該這樣就分手吧？是不是有什麼難言之隱？說出來我會理解……。但他看來意志很堅定，臉上的表情沒有一點變化，話都說完之後就先站起來離開了咖啡廳。

分手那天，一切似乎很淡然，彷彿那些時間都不是自己的。那個像雕像一樣帥氣的人，或許不是我能擁有的。但是隨著時間的流逝，不知所為何來的沉重心情讓秀妍停頓下來，就連與朋友見面聊著日常瑣事之際，也會莫名流下眼淚。知情的朋友把手放在秀妍肩上，破口大罵那個男人真是壞透了，對秀妍說「那種人不值得，分手了對妳才好」的瞬間，秀妍似乎稍微挺起胸膛，但馬上又陷入頹喪。

與男友分手的秀妍失去了什麼？首先最明顯的是失去相伴的人，然而真正更深切的悲傷是來自於打從一開始就沒有得到尊重的戀情。秀妍希望與男友站在平等的位置，希望對方能夠認同自己的喜好，不是每次一見面就開始品頭論足，而是真正接納自己。這些都是交往中的戀人很自然會有的心情，但她從未表達出來，因為秀妍並未意識到自己的需求其實是理所當然的。

對於男友無禮的態度，秀妍確實感到不舒服，但微妙的是她無法確定是否該為「那種小事」而心情不好。在將男友的語氣和行動視為問題之前，她先被對方的批評動搖，反而先檢討自己。「我應該更用心一點才對。」「為什麼我這麼沒有品味呢？」秀妍完全被對方的評價所左右，忙著自我檢討和指責自己，卻沒能照顧到受傷的內心。

她的悲傷正在提醒戀人離去後孤獨的她，千萬要更珍惜自己、愛護自己。比起失去戀人的失落感，她更應該先找回交往時迷失的自我，挺起胸膛不要再畏縮。也就是說，秀妍需要時間重新認識自己是個什麼樣的存在，先尊重自己。

當時到底為什麼會被那樣無禮、完全以自我為中心的人吸引呢？那真的是愛情嗎？還是曾因某種傷痛而畏縮的秀妍，需要一個理想化的存在呢？面對悲傷，秀妍首先要做的就是傾聽和理解自己內心的聲音。

失去所愛

振宇長期沉迷於電腦遊戲。以求學為藉口搬出家裡之後，振宇與所有人斷絕了聯繫。他很快就適應了獨自一人的生活，某天在去便利商店的路上，他遇到了一隻瘦弱的流浪貓。那隻貓看起來似乎生病了，發出哼哼唧唧的聲音。振宇一看到貓咪的眼神就無法置之不顧，為了帶貓咪去動物醫院，振宇只得好好梳洗，換上乾淨的衣服。到醫院看過之後，貓咪似乎是受了傷，幸好並不嚴重，把傷口治療處理好之後他帶著貓咪回到住處。

但從沒養過貓的振宇其實不知道該怎麼辦，發楞了一會兒，突然想到打電話給一個朋友。朋友接到久未聯絡的振宇來電很高興，當天就帶了一些貓咪的用品來找振宇。

在朋友的提議下，振宇幫貓咪取名叫小順，因為朋友覺得養了貓的振宇變得隨和溫順多了。振宇臨時在便利商店買了貓罐頭回來，看著小順狼吞虎嚥地吃著，他下定決心要好好賺錢。

就這樣，振宇的生活開始發生了變化。他時常與朋友聊天，重新打開書本，開始認真找工作，這一切可說都是多虧了小順。振宇暫時在便利商店打工，並同時積極求職，到處投履歷。

然而就在某一天，小順突然不舒服，緊急送醫後被診斷為腹膜炎。貓腹膜炎可說是致死率極高的疾病，目前沒有特效藥。最終小順還是離開了振宇。看著沒了氣息的小順，振宇生平第一次放聲大哭。

小時候在與父母的關係中形成的關係模式，對成年之後的我們如何與他人建立關係、如何看待這個世界會產生很大的影響。如果對父母不信任，長大後就會衍生出「任何人都不可以相信」的想法，對人充滿警戒心。若小時候只有在取得好成績時才能感受到父母的愛，那麼長大後就會認為「如果無法取得成功，就是個沒有價值的人」，變得因為害怕失敗而時時感到不安。

但童年的經歷並不能完全決定一個人的一生，因為在歷經惡劣的環境之前，人生來具備了固有的本性。另外要記住的是，在成長過程中會受到傷害，但同時也會遇到為你治癒傷口的人。在心理治療中，喚起童年回憶的目的是為了擁抱年幼的自己，告訴自己沒有必要再害怕了，而不是告訴你一切已成定局，不要再抱任何希望了。

振宇在與父母的關係中得不到正面的情感，因此長期處於孤立狀態。後來遇見了流浪貓小順，如同奇蹟般在振宇心裡埋下愛的種子。讓他與斷絕聯繫的朋友又有了聯繫，並振作精神打點自己。在就業這個艱難的挑戰過程中，小順在振宇身邊既帶給他安定，也形成很大的力量。透過小順體驗到正面情感的振宇，也漸漸開始期待走出去與他人建立關係。振宇關心小順，小順也對振宇敞開心房互相依靠，讓振宇感受到被愛。同時，經歷照顧小順的過程，振宇感受到生活中的喜悅，自然而然也想走出去與他人分享。

對於如此改變的振宇，小順的離去就像宣告死刑一樣。他才剛剛開始展開全新的生活，突如其來的喪失對他而言是莫大的痛苦。他放聲大哭，宣洩長久以來累積的悲傷，怨恨這個世界似乎不允許他得到幸福。振宇的悲傷真真實實表現出失去至愛而痛苦的心情。

一步一步向前走

對於要忍受失去過去的生活、失去自己、失去愛情、失去瞬間的我們來說，一個人承受太殘酷了。因此不要猶豫，這種時候應該尋求幫助。家人、朋友，就算只是認識或是暫時擦肩而過的人，誰都可以。即使對方不一定完全會有同感，但只要把感受吐露出來，心情也會變得輕鬆一些。

要將悲傷用語言表達出來，前提是必須承認自己現在非常悲傷。你絕對可以悲傷，只要是人都會有悲傷的時候。當生命中失去選擇的可能性時，當我在最親近的人心中失去價值時，當失去唯一摯愛的時候……在這些情況下，怎麼能不悲傷呢？把心倚靠在某人身上，堅定地維持日常生活是很重要的事。

哀悼需要時間。很多事原本以為早已忘記了，但很有可能在某個瞬間又再次浮現，擠壓我們的內心。過去的事無法挽回，即使決心專注於當下，相信自己的選擇，但有時難免會力不從心。也許有一天會像過去不停挑剔我的舊情人一樣，指責自己、折磨自己。也有可能會突然覺得那麼拚命工作有什麼用？

但是，我們的人生很珍貴，不能隨便放棄。在疲憊不堪、步履蹣跚時，你會發現生活裡的另一種寶石。透過挫折成長的故事時有所聞，而這個過程。就像是下定決心要穿過黑暗的隧道。不需要著急，也沒什麼特別訣竅，只要一步一步順著路走，好好過生活，這樣就足夠了。

以悲傷治癒悲傷

有一段時間，我會在睡前閱讀崔恩榮作家的短篇小說集《對我無害的人》，心裡總是想著，這些美麗的文章怎麼會讓人如此傷感呢？明明應該悲傷而沉重的心情，卻閃閃發光甚至有些溫暖。因為能夠治癒悲傷的不是別的，就是悲傷。所以，不要害怕悲傷。你可以任憑自己盡情的悲傷，在裡頭掙扎，聽悲傷的歌、悲傷的音樂，看世界上最悲傷的電影。

因悲傷而得到安慰的心，就像透過運動鍛鍊的身體一樣。雖然拖著疼痛的身體鍛鍊肌肉不容易，但只要忍過去這次的痠痛，下次就會變得更輕鬆，也會產生力量。能夠擁抱悲傷的心情是武裝更堅固的心，不會被任何考驗輕易擊倒。

流過多少淚就能笑得多開懷

從悲傷中衍生出來的其他情緒也值得關注，例如對樂於提供幫助者產生的感激之情，對一直堅持努力的自己產生的欽佩之情，在艱難生活中猶如潤滑劑一般可愛的存在帶來的溫暖等。珍惜每一份情感，我們的心才會變得更豐富。

悲傷存在於所有痛苦情緒的盡頭，我們到達那裡之後才能再站起來。當我們停下腳步傷心哭泣，完全認同內心的悲傷時，我們就能重新振作起來。所以我將悲傷稱為治癒的情緒，如果能夠充分經歷悲傷後再送走悲傷，那麼我們就能打從心底開懷大笑。

Tip

把心倚靠在某人身上，堅定地維持日常生活是很重要的事。

五

只要盡了全力，就算跌倒了也沒關係

——關於憂鬱

不停奔跑的時光
為愛而生這句話
與其爭執，不如我來負責
別再掙扎了，向別人求助吧
有時也該憂鬱一下

有時光看一個人的臉色就能猜出他有多憂鬱，像陰沉沉的天空馬上就要下雨似的，烏雲密佈的黑暗從表情中顯露出來。如同天氣的變化一樣，憂鬱感隨時都會降臨到任何人身上。當憂鬱的情緒持續停留的時間太長，我們便會稱之為「憂鬱症」。患有憂鬱症的人常說：「我找不到希望」，不停詢問繼續這樣生活有什麼意義，感覺人生就像被關在監獄裡一樣。不知道理由，也不知從什麼時候開始，彷彿成了罪人，帶著莫名的罪惡感、後悔和不安，陷入了憂鬱的泥潭。

不停奔跑的時光

炳宰看電影時仍感到憤怒不已，幾乎難以控制。因為之前與朋友大吵一架，讓他連覺也睡不著。一個人靜靜地坐著，他實在想不通，為什麼自己的生活充滿那麼多動盪？他陷入沉思，回顧電影中的場景，無助的人暴露在毫無理由的暴力中，想起那些得不到別人的理解，生活在痛苦中的人們，他不禁流下了眼淚。

炳宰的父母與他性格完全不同，因此對於他的遭遇無法感同身受，看到炳宰在人際相處上遇到困難，也只能敦促他努力適應新環境、配合別人。炳宰小時候，父母送他去參加夏令營，希望他能與朋友們親近一點。擔心炳宰很容易覺得無聊，所以不停送他去體驗各種活動，甚至送他到國外參加英語研習，但不知為何炳宰回來後卻顯得更加無力。炳宰的媽媽無法理解受傷孩子心情，只是氣憤地反覆逼問炳宰：「我對你這麼好，你到底還有什麼不滿？」

不管什麼事，總是覺得是自己的錯。對於在社會上取得成功、自我管理徹底、在所有角色中盡到責任的完美父母來說，炳宰是個總會給別人帶來麻煩的孩子。對於精力困頓的兒子來說，媽媽的各種積極提議讓他感到非常吃力。但想到在家庭中沒有像他這樣的人，大家都無法理解他，所以只好把心中的感覺又壓在心底了。炳宰的話越來越少，父母的責罵越來越嚴重。如何解決這個惡性循環呢？炳宰想盡一切辦法擺脫這種狀況，於是他毫不考慮選擇去唸離家最遠的大學。

家庭內部產生問題時，很多人都認為只要靜靜地什麼都不說不做，就不會有衝突，似乎所有問題都能解決，但在很多情況下並非如此。

從小在成長過程中耳濡目染認知到的生活方式，若想改變需要一定的時間。對炳宰來說，長期揹負著不自在的感覺成長，長大後雖然藉由離開家生活而擺脫了直接的壓力，但莫名產生的罪惡感和憂鬱卻更加嚴重。雖然日常的紀律消失了，似乎變得更自由，但是相對地原本約束他的框架消失，反而讓他覺得不安。不安感讓他連一點小事也卻步，更加束縛手腳，日常生活也變得停滯、無力。他逐漸失去自信，連新的嘗試都變得困難。雖然身體是成年人，但內心卻像剛剛才開始接觸世界的孩子一樣，既不成熟又脆弱。

同時，炳宰也變得容易被憤怒包圍。他從在多數暴力面前受傷的人們的故事受到了刺激，進而激起他的憤怒。憤怒的情緒像在鼓動炳宰，現在是為自己發出聲音的時候了！於是他用憤怒表現憂鬱，表現出他長期以來累積累的心靈創傷。炳宰終於與在他內心那個遍體鱗傷的孩子面對面，對他來說所謂憤怒的情緒，是需要有人理解自己內心並產生共鳴的吶喊。

為愛而生這句話

熙媛最近與男友經常發生爭執。一旦衝突開始，雙方都會大發脾氣，非得大吵一架才會落幕。一起生活後，無論大小爭執，兩人都得待在同一個空間裡，這似乎成了很大的負擔。吵架時雙方都怒氣沖天，但吵完又像什麼都沒有發生過似地回到日常生活，這樣的狀況反覆發生，兩人逐漸疲憊不堪。愉快而親密的對話似乎是很久以前的事了，面無表情埋頭各忙各的日子越來越多。

有一天晚上，如往常一樣躺下準備就寢的熙媛突然領悟到，近一個月來自己幾乎沒有胃口，也沒什麼笑容，常常失眠。為了掩飾不自覺流下的淚水，她將被子慢慢地拉起蓋到頭頂。熙媛是一名高手，擅長在誰都不知道的情況下哭泣。

很早就獨立並取得成就的熙媛，比起人際關係更注重工作。從小父母離異，熙媛由祖父母帶大，成長環境中她沒有機會依靠別人，也沒有人給予她心靈的寄託。她很早就認知到，人際關係太難掌握，但是只要努力學習或工作就會得到實際的回報。但她與現在的男友已經交往很久了，原因全在於男友曾說過：「絕不會離開。」雖然是在某次大吵後說出的話，但熙媛對這句話隱隱地寄予厚望。只要不離開、不放棄，似乎就可以承受任何痛苦。但同時她又不相信男友的話，有時像測試一樣挑起爭執。熙媛對這樣的自己感到生氣、自責、憂鬱，認為一切都像在懲罰曾經期待愛情的自己。

熙媛的憂鬱，就如同渴望受與關懷卻未能如願的孩子的哭泣。小時候父母離婚，被祖父母撫養長大的她，只能背負著被父母拋棄的痛苦生活。

年齡越小，對情況越不了解，就越容易陷入莫名其妙的憂鬱中。因為無法理解自己到底做錯了什麼才會被父母拋棄。就像在一片漆黑中，找不到方向而四處徘徊，只好把一切原因歸究到自己身上以試圖理解。如果遇到一昧嚴格管教，不關心孩子的養育者，那麼孩子就只能獨自緩解痛苦，最後形成對人處處警戒的性格。在嚴厲的祖父母教養下長大，熙媛對他人充滿不信任。在工作表現上的自信對人際關係有一定程度的積極影響，但隨著關係加深，問題也會漸漸暴露出來。未能解決的問題反覆引起爭執，因此而引發的憂鬱感只會越來越嚴重。

現在，熙媛應該停止爭吵，與男友進行真誠的溝通。說出自己需要的愛和關心，不能再被過去充滿挫折的憂鬱感籠罩。她的憂鬱，是因為渴望被愛。每個人都想得到愛，想要得到愛是理所當然的，她必須理解自己並接受。

與其爭執，不如我來負責

圭賢的性格很能忍，所以被戲稱「大熊」，剛好他的身材也像山一樣高大穩重，笑容親切，無論身處在任何環境裡都能適應的很好，為人誠實，做事努力不懈，深獲眾人的信任。他結婚生子，體會也享受著人生的酸甜苦辣，度過平順的日常。然而就在某一天，他突然陷入深深的憂鬱之中，沒有進食的欲望，不時想避開人多的地方，總是一個人獨處，在家庭裡為人父、為人夫的角色不知為何變得很吃力。他開始時時發呆，感覺所有一切都像沉重的包袱，很想擺脫。

這一切的觸發點沒有什麼特別的原因，只是某天青春期的兒子一如往常對圭賢視而不見，只顧著滑手機，讓圭賢覺得有點鬱悶。偏偏那天在公司裡被年紀比自己小的主管訓話。不管怎麼想都覺得是錯誤的決定，但主管卻理直氣壯地堅持自己的主張。在後輩面前被訓了一頓的圭賢頓時變得很尷尬，他沒有再多說什麼，默默地回到座位按照主管指示做事，因為他不想讓部門的氛圍變得混亂。加班到深夜，他安慰自己也安撫後輩們的心，勉強完成了工作。但這樣的生活要重複到什麼時候呢？既定的未來仍令人感覺迷惘，而對於未知的部份，圭賢依舊充滿了不安、心驚膽顫。

在意見不合狀況嚴重的家庭中，必然有人擔任仲裁者的角色。圭賢的父母平常不時吵架，他不能偏袒任何一方，同時還要默默傾聽雙方訴苦並分別給予安慰。雖然聽到父母說「幸好有你」這句話時會感到欣慰，但更多的時候是感到空虛。他也想像其他朋友一樣，想哭就哭、想生氣就生氣，或是乾脆逃避一切，但是圭賢無法那樣做，只能把流不出的眼淚一點一點堆積，像石頭一樣隱藏在內心一角。表面上看起來一切似乎都解決問題了，但在他的內心裡卻颳起了風暴。

圭賢的心從小就是這樣鍛煉出來的，長大後也發揮了作用。成家之後成為堅實的一家之主，在公司裡盡最大的努力避免衝突，默默完成工作。任何個人需求都無法取代下意識維持「和平與安定」的慣性，他的心因此永遠都擺脫不了緊張狀態。

他的憂鬱是反映他「再也忍受不了」的心聲。比起維繫其他人之間的平和，他更渴望自己內心的平和。

別再掙扎了，向別人求助吧

憂鬱的情緒會嚴重影響我們的日常生活。食慾不振、睡不著覺、沒有動力，身體的疲勞會延續到內心，流淚、不安、不知所措。有人在這時會強迫自己撐過去，同時埋怨自己有什麼好憂鬱的，但這種做法等於是給已經受傷的自己又捅了一刀。要從憂鬱的泥沼中走出來，最好的辦法就是向他人求助。不要再自己硬撐，不需要為了整體而過度費心，這樣才不會讓自己深陷憂鬱之中。就像在水中只要把身體放鬆交給流水，不知不覺間就會浮起來。那些只不過是在日常生活中可能會產生的情緒而已。

尋求他人協助的同時，也該思考那些積壓已久的東西。就像彈簧或潛入海底的潛水員，有時要壓到底了才會彈出來。我們的心也是如此，在深沉的心底，偶然會出現一道縫隙，透過縫隙回顧日常，會發現其中會有某個積極的瞬間。那一瞬間可能是朋友突然打來的電話，也有可能是隨意走進一間咖啡店喝到美味的香草拿鐵，或是偶然聽到的音樂、聞到的香氣。靠著這些看似微小的事物，可以讓我們一點一點地再站起來。

有時也該憂鬱一下

儘管憂鬱會給人帶來痛苦，但人有時還是應該憂鬱一下。回顧過去，懂得後悔，在感到抱歉或謝意的事物前暫時停下來表達情感，才能創造更好的未來。我們會變得更謙虛，對生活更認真看待。因此，當感到憂鬱時，就當作是回顧自我的機會吧。一直以來都沒想過的事，在這個時候可以好好思考。有人視憂鬱為一種危機，但我認為這樣的危機也許會讓我成長，成為未來美好生活的機會。

在這個過程中，我認為「寫日記」可以提供很大的幫助。不管是每天，還是一週一次、一個月一次，我會寫下發生過的事和自己對事物的想法。寫文章可以在感到茫然的思緒，以及席捲而來的情緒中進行整理。一個字一個字寫下的同時，有時像冥想一樣。將當時的心情用文字表達出來之後，會發現其實事情也沒那麼嚴重，心情自然會變得輕鬆一點。在精彩的文章中或許會發現值得自豪的地方，當產生了足以稱讚自己的力量，那就是向前邁出了一步。若能與某人笑著分享自己的日常生活，那就是開啟了幸福的可能性了。

Tip

不要再自己硬撐，不需要為了整體而過度費心，這樣才不會讓自己深陷憂鬱之中。

六　愛有多深恨就有多深

——關於失望

請相信我
我在這裡
世上只有我一人
小心翼翼地靠近
期待越多，失望越大

某種情緒湧上心頭，剛開始還可以勉強忍受，但隨著時間過去，情緒越來越沉重，變成了無法逃避的狀態。它並不是像暴雨一樣突然傾盆而下，而是像波濤一般慢慢地不斷湧上，淹沒了我們的內心。情緒一湧而上，眼淚可能會不知不覺地掉下來。想用傳達這些情緒時會感到有些痛苦，因此會猶豫是否要以言語表達出來。有時需要以勇氣接納，也有時帶有一點憐愛或期待，那小小的心情就是失望。

請相信我

賢振連續幾天都沒有什麼胃口，睡也睡不好，雖然躺在床上八小時，卻是愈發感到疲勞。其實也沒發生什麼大事，為何會這樣自己也無法理解。休假日的下午，他呆呆地坐在家裡，看到朋友傳來訊息邀約一起吃飯，他才像機器一樣起身，換了衣服出門。不知為何有點不情願，但飯還是要吃。他來到與朋友常約的餐廳，兩人都點了湯飯坐下，突然賢振瞬間眼淚奪眶而出，坐在對面的朋友驚訝地問：「你怎麼了？」

那天也是吃湯飯。賢振有點興奮，因為很久沒有和在同部門工作的前輩一起吃午餐。前輩是賢振唯一信任的人，每當遇到困難時，前輩總像有超能力一般會及時察覺到，在恰好的時機找賢振喝咖啡，伸出援手幫忙。前輩對賢振的輕微失誤總會睜一隻眼閉一隻眼，在自己權限範圍內幫賢振處理掉，能力出眾，讓賢振下定決心，一定要成為像前輩那樣的人。最近因為新啟動的工作而忙碌，兩人沒有什麼機會聊天，但前輩的存在本身就讓賢振覺得很踏實。

但那天吃完湯飯，前輩勉為其難的開口，表示希望賢振退出一起進行的專案。賢振雖然懷有抱負，但那專案也不是一定非參與不可。想想又不是換部門，自己仍然在原本的職位上，沒有什麼好可惜的。再想到最近每天回家都覺得很累，這時候退出專案反而是件好事。可是不知為什麼，剛剛吃進肚子裡的飯好像在身體的某個地方卡住了，覺得很不舒服。

代替組長傳話的前輩語氣冷淡，讓賢振有點緊張。是因為自己什麼話都沒說，沒有任何反應的樣子讓前輩不高興嗎？一直以來都很親切的前輩只說公司不是學校，不能把工作當成學校作業來看待，然後就先起身離開了。

同樣的情況，根據對象不同，我們會產生不同的情緒。賢振因為從信任的前輩口中聽到而受到衝擊。雖然他曾抱怨工作很累，但另一方面他確實也想好好表現，所以盡最大的努力去做。他相信前輩應該看到了也知道他是怎麼樣的人。他一個人留下來加班，前輩推薦的書他一定去找來研讀，因為他很清楚公司不是學校，現在進行的專案很困難而且很重要。

但前輩如針刺般的話語卻擊垮了賢振的心，賢振無法對冷淡的前輩發脾氣，對不信任自己的前輩感到失望。我們相信別人，對他敞開心扉，是希望他也能信任自己，希望他對我能與眾不同。賢振的失望源自於信任的崩潰。

我在這裡

珠熙滿二十歲便離開家搬到外面住，因此與媽媽冷戰了近一個月。珠熙和母親的關係非同尋常，因為父親早逝，母女倆相依為命過著艱難的生活，累積了深厚的感情。珠熙的媽媽很有能力，對事業也有野心，但為了養家和孩子，她盡心盡力，放棄個人的抱負，因此她對女兒有很多期望，但這些最終導致了過度執著。

在準備高考的關鍵時期，珠熙對這樣的生活也已厭煩到極點，決心考上大學的同時要離開家，因為媽媽曾經對她說過：「只要考上理想的大學，一切都可以隨心所欲。」但是錄取之後珠熙打算在學校附近找房子時，媽媽卻堅決地說：「不行！」媽媽擔心周圍的人會怎麼看，一個女孩子自己獨居，人們會不會覺得她很隨便？會不會認為讓女兒獨自在外居住的媽媽很無情？媽媽因此極力阻止珠熙搬出去。

回想起來總是這樣，媽媽總在意別人怎麼說。為了不想聽到別人說「因為是媽媽一個人養大的孩子，所以才那個樣子」這種話，所以一直施行嚴格的教育，不停督促珠熙學習。最後珠熙才發現，對媽媽來說最重要的不是對女兒的愛，而是要展現給別人看好媽媽、好女兒該有的樣子。珠熙忍不住哽咽。

「媽媽有問過我到底想要什麼嗎？」

「您有問過我為什麼想離開家，有跟我談過嗎？」

先上大學；先別插嘴；先不要那樣！珠熙對媽媽的控制感到窒息，想擺脫的她現在卻又因另一種情緒而痛苦。

如果父母中有一人不在，或被排除在家庭角色之外，那麼孩子在成長過程中很容易與存在的一方過於緊密。從某種角度來看，孩子依賴著關係到自己生存的養育者是理所當然的，然而養育者不該依賴孩子，那樣會成為孩子成長的負擔。有時候如果父母很強勢，也會給孩子帶來壓力，珠熙的情況就是這樣。

因為從小看到媽媽有多麼辛苦，所以心裡感到內疚的珠熙很難拒絕媽媽的要求。她認為只有稍微減輕母親的負擔，她的心情才會變得輕鬆、自信。這種過於沉重的關係導致孩子太過早熟，而媽媽則在無意中把難以承受的部分負擔放到了孩子身上。

同樣大小的負擔，在年幼的子女與成年的父母身上，孩子所感受到的壓力一定更大，而且這些負擔會影響孩子的性格養成。孩子因為壓抑自然的情感成長，長期被角色和義務所束縛，因此不管面對什麼都會很難做出屬於自己的選擇。當這樣的孩子長大成人，意識到過去背負的負擔時，一定會想擺脫它。這是成長的信號。珠熙希望擺脫母親的控制，獨立生活，這時或許媽媽無法理解珠熙內心的想法，但不知道什麼對女兒是最重要的，不知道女兒受到什麼挫折，才是對珠熙最大的傷害。

珠熙從小與媽媽一起生活，當意識到媽媽其實並不是真心關心自己，並未全心愛自己時，心中一定覺得很失落。珠熙想知道媽媽是否愛現在的自己，她想要一個即使遭遇痛苦也不會迴避，可以幫她在傷口上藥的媽媽。珠熙的失望，正訴說著她的心願受挫，她很痛苦。

世上只有我一人

正在準備就業的尚俊在社群網站上花費了很多時間。因為需要上網處理的事情很多，所以很自然地經常上網搜尋。如此一來，時間很快就過去了。在網路上認識新的朋友，與自己有相同興趣的人，在其他方面又有不同的看法，是很有意思的事。「想法會成長，視野會變寬闊，可以學到的東西很多！」他一邊想一邊繼續滑手機。

在社群網站中也會發現憧憬的人物，也許只是一個平凡素人，卻像藝人一樣讓人總想窺探對方的一舉一動。有一天，尚俊鼓起勇氣發了一則訊息，後來經過幾次網上對話，對方也追蹤了尚俊，兩人成為朋友。

尚俊掩不住興奮，簡直就像找到工作一樣開心，整天都感覺很幸福。還想像哪天可以相約一起吃晚飯，在有氣氛的餐廳裡天南地北的聊著。過不久兩人見面了，然而氣氛很尷尬，大概一個小時就結束了。雖然在網上透過照片而認識，但實際面對面還是很陌生。對方說不想喝酒，彼此間的生疏感一直都沒有消失。在網路上互傳訊息對話時，兩人一點隔閡也沒有，沒想到真的見面了卻變得如此尷尬，話不投機。

對於難得外出的尚俊來說，當天的見面讓他感到很遺憾。到底從哪裡開始出問題呢？他反覆思考、自責，因此變得憂鬱，也不再上網了，甚至還產生了刪除帳號的想法。就這樣過了一個月左右的某一天，才發現對方已經取消追蹤了，尚俊被對方斷了聯擊。

隨著網路的活躍，人們很容易認識新朋友，太輕易投入感情，又太輕易斷絕關係。在這種網路生態下關係中斷，通常很難知道原因，再加上如果對方下定決心消失，幾乎是不可能再有聯繫。所以應該不要抱任何期待的交往囉？可是人與人之間不可能那樣，在網上發展的關係也越來越深入，因此心中的期待也很自然會越來越多。

尚俊遇到志同道合的網友，感受到了幸福感。他原本以正在準備就業的理由鮮少與人來往，決心不要把精神浪費在其他地方，但孤獨的時間需要支撐的力量，透過社群網站的互相追蹤，讓他實現與世界以及他人建立關係的渴望。

但是，這個欲望又因對方突然取消追蹤而受挫。雖然只是一個人在社群網路上斷絕與他之間的關係，卻讓他感受到彷彿世界上只有我獨自一人的心情。一聲不響取消追蹤的對方，讓尚俊覺得既無情又失望。

小心翼翼地靠近

只要向對方表達內心感受，通常就能稍微消除一點失望的心情，因為這些失望的情緒大部分都是因誤會而造成的，所以相對容易被對方接受。擔心說出內心想法的自己會變得太渺小，而無法坦率地吐露的情緒就是失望。然而回想起來，有那樣的情緒也在所難免，因為我相信的人不理解我，我愛的人不關心我，曾經一起談笑的人，卻連一句話都沒有就斷了聯繫，誰能不傷心呢。

一旦意識到對對方有失望的感覺時，就鼓起勇氣吧。小心翼翼地靠近，開口表達自己的心情，越是重要的人就越不能錯過。你或許會擔心因為透露出失望的心情，反而讓兩人漸行漸遠，但如果只是一味忍耐，才是會導致疏遠真正原因。

無法表達的感情累積到一定的程度，必然會轉化成憤怒。沒有好好表達，而是在忍無可忍之下爆發出來的失望，可能會讓對方感到疑惑及不愉快。因為莫名其妙地發脾氣，或對提出的疑問不理不采而感到失望，就做出無意識的行動，會讓對方感到混亂，關係也逐漸變得疏遠。

小心翼翼的靠近，是因為不想受傷的心需要充分得到共鳴。打電話給那個與我斷了聯繫的人時可能受到的傷害（拒接電話，或者其他意想不到的反應等），我能承受得了嗎？有人可以安慰我嗎？如果現在的我太脆弱，即使一點小小的負面反應也會受到打擊的話，就先把情緒壓下來也沒關係。但是，絕對不要往消極的方向思考，要保護自己，往對自己有利的方向解釋、整理。反正無法得知正確答案，就不需要用負面的可能理由來傷害自己。

期待越多，失望越大

當感覺失望時，與其歸咎於別人的錯，不如先檢視自己的內心。

「原來他對我來說是如此珍貴的人啊。」

「原來我真的很喜歡他。」

「原來這對我有這麼大的意義。」

一邊思考一邊哀悼。當然，要放棄對父母的期待並不容易，而且非常痛苦，但我們還是要接受。父母的態度不會改變，就像我們自己的個性也很難改變一樣。雖然在那一瞬間可能會感覺很無力，但總比不斷衝突、受傷要好。等無力的感覺過去，關係隨時間自然而然地產生變化，被深深接納的日子就會到來。

在這裡要注意的是，當我對某人寄予希望的同時，也可能會感到失望。但這並不意味著所有人都不值得期待。假如我一直期待媽媽的愛，但媽媽卻一點都不關心我，因此而認為「只要愛某人，那個人就不會關心我」的話，就會錯過發展各種關係的可能性。

在某些關係中，要小心不能過度期待。職場生活是如此，在網路上建立的關係更是如此，因為彼此不夠了解。但是也不要忘了還是有例外，有些珍貴的關係，是期待越多，就會對彼此關心越多，同時也會變得更親近。

失望或失落的情緒若結合權力，大多會演變成暴力性的情感，例如婆婆對兒媳，或是公司主管對下屬。但是當失望的背景中有「期待」時，失望背後通常帶有比較豐富的情感。

無論我怎麼做都不會感到失望的情人，反而漸漸會讓我開始懷疑他對我到底有多少愛情。在我無法顧及珍貴的東西而彷徨時，表現出失望的我所珍視的人，就像喚起我周圍的光一樣。所以不要害怕，當你覺得失望時，就說出來吧。

Tip

當我對某人寄予希望的同時，也可能會感到失望。但這並不意味著所有人都不值得期待。

七 要停下才能再飛
——關於疲憊

我不是機器人
獨自一人很無聊
想自由地翩翩飛舞
生活和玩樂同樣重要
從單純的東西開始一點一點填滿

平凡的日子。每天打點三餐、收拾、洗碗，在這過程中還要滿足孩子各種需求，有時要教訓孩子，有時又得學著視而不見。根據觀點不同，有時是很簡單的事有時也可能是很困難的事，這就是日常。最終到晚上洗碗時，當拿起沉重的壓力鍋，眼淚突然奪眶而出。啊，好累。吃完飯後還要照顧生活中的所有事情，竟然只有透過無止盡的勞動才能做到！

對於赤身裸體來到世界的人，不用努力就能得到的東西，說穿了是沒有的。因此，肉體上的疲憊同時也代表好好生活。問題是被壓抑的精神疲憊，我們什麼時候會感到疲勞和倦怠呢？

我不是機器人

進入公司第十五年的庭雅，最近早上常常起不來，感覺身體沉重，頭腦還迷迷糊糊的。雖然心裡想著「該上班了」，但仍坐在床邊，然後又再次倒下，最後當然是上班遲到。這樣的情況時常發生。雖然很清楚該起床梳洗了，但身體就是動不了，結果今天只能說抱歉，在後輩們面前遭受部長的指責後，黯然回到座位。

庭雅在部門工作十多年以來，一直都是個正直誠實的人，工作表現很好，不過平常與後輩們不太熱絡，但在糾正錯誤慣例方面她會身體力行，所以與大家的關係還算融洽。因為不善於表現自己，不是喜歡出風頭的人，總是默默地發揮自己的能力，然而如今卻成了遲到大王。應該有什麼原因吧，可是庭雅自己也不知道。因為時常遲到，不斷累積愧疚感。某天在下班回家的路上，她望著公車窗外，不自覺地自言自語。

「唉，真的好想休息。」

庭雅疲憊不堪。工作時要像機器一樣準確，而且她一直負責各種雜事。十五年的歲月不可能一帆風順，但重點是她是人，而非機器。即使是機器也需要充電，但是人只要做得到，公司就會加倍要求，以致於庭雅的身心都消耗得超出極限，她迫切需要休息。公司應該給予對等的補償，又或者她必須承認自己並不完美。

疲憊感的出現是在警告我們生活已經失衡，這時需要暫時停下來問問自己：「為什麼現在會撐不住了？」「為什麼要一直這麼努力？」庭雅感受到的疲憊感是要她「暫停」的信號。

獨自一人很無聊

高中畢業後進入社會的東哲最近覺得很無力。他比同齡的朋友更早開始社會生活，也對這樣的自己感到自豪。因為不肯上大學而差點與父母斷絕關係，但後來父母也沒再多說什麼。他學習技術就業已經三年了，周圍的人都稱讚他小小年紀就能靠一技之長獨立生活很了不起。然而某天，他突然被一種不知從何而來的情緒包圍，失去了享受生活樂趣的能力。

那天他偶然看到了高中同學的社群網頁，上面放了同學與同事一起出遊的照片，東哲頓時覺得鬱悶，覺得孤單。他徹夜又看了很多照片，最後累得睡著了。從那天以後，他開始對生活感到乏味，什麼興致都提不起來。對於上班工作賺錢、下班與保持適當距離的朋友見面喝酒這樣的日子，也開始感到厭倦。因為和比他年紀大的人一起工作，所以他也不期望別人對他有特別待遇。但他也會想像同齡的人一樣約會，或做些年輕人的休閒生活。擁有的東西越多就變得越謹慎，所以對往前進感到卻步的自己很寒心。

對於感到疲憊、倦怠而變得無精打采的東哲來說，是什麼讓他受挫呢？他為了經濟穩定和早日取得成功而放棄了什麼？為了自我開發而把生活填滿的東哲，其實沒有多餘的時間。他不得不放棄可以成為回憶的有趣體驗機會。年輕時的彷徨被認為是無病呻吟，但如今他才感到遺憾。他很想感受校園生活的浪漫，和同學們一起分享不成熟但屬於那個年紀的想法，但那些都已經錯過了。

現在東哲感受到的情緒是沒有必須不斷成長的壓力，沒有換算成經濟價值的成就，希望和生活在同一世代的朋友們分享快樂，找回生活動力的信號。

想自由地翩翩飛舞

電話鈴聲響了很久，宣華還是不想接起來，她不需要確認電話號碼，透過鈴聲就知道是媽媽打來的。

從小媽媽對於她的生活就處處干涉，而宣華對此也沒有什麼意見，因為身為老大，宣華覺得自己應該要有責任感，滿足媽媽的要求讓她安心是理所當然的義務。學生時期，宣華照媽媽的話努力學習，考上好大學，畢業之後成功就業，終於獨立了。

如今，媽媽不時叮嚀要挑個好老公結婚，對此宣華感到厭煩，不管怎麼說都沒有用，媽媽無止盡的控制欲讓宣華漸漸感到窒息。再加上最近宣華在工作上遇了難題，她失去了自信，覺得公司裡沒有人可以幫助她，也覺得自己越來越渺小。因為難以負荷的壓力讓她無法入睡，「如果媽媽知道我現在這個樣子會有什麼反應？」一想到這個，宣華就感到無比的恐懼和鬱悶。

回顧過去，宣華從未夢想過自己想要的生活。總是理所當然地聽從媽媽的勸告，相信媽媽的話都是對的。但現在她已經筋疲力盡了。一想起長期以來的忍耐，只為了將「成功」掌握在手中而孤軍奮戰的過程，就覺得喘不過氣來。

宣華好想停下來，好想以自己的價值觀來判斷這一切是否真的適合自己，不想再盲目的拘泥於大家口中所謂「過得好」的標準。她想自己去思考生活的意義，照自己的步伐一步一步慢慢走下去。

對現在的宣華來說，手機螢幕上一直顯示的「媽媽」兩字給她人帶來疲憊。「啊！拜託到此為止吧！」宣華的疲憊透露了不只身體，她的心靈也渴望自由。

生活和玩樂同樣重要

感到疲憊時就先停下來，感知身體的信號，給自己充分的時間休息。當我們雖然活著卻感覺自己被掏空了的時候，最首要的任務是要照顧自己的健康，如果不健康，就算成功了也沒有任何意義。比起努力生活，在生活中懂得適度休息更重要，這樣才能享受生活，才能自由地開展思考的格局和感覺。

人際關係當然也很重要，但我的生活才是最重要的。被愛、被認可是讓我們生存的動力，可以讓人生變得充實，但在這之前，我們應該保有維持基本生活的力量。

若是為了維繫良好的人際關係投入太多精力而感到疲憊的話，就先放下一切，回想一下我現在付出心力對待的那些人，對我的生活有什麼意義？我是否為了滿足某些人，而拋棄了真正珍貴的人和自己？

為了成功全力衝刺，感到快撐不住時，那就把視線轉向別處。金錢和名聲其實都算不了什麼，如果取得成功，但最終有人都離開我，那麼生活又有什麼樂趣呢？

從單純的東西開始一點一點填滿

疲憊其實是一種有用的情緒，因為可以讓我們停止過度奔跑。感覺累的時候就先停下腳步，試著照顧自己的身心。你大可光明正大地請假休息，或者吃些對身體有益的食物、泡個熱水澡放鬆一下，將寶貴的時間用在喚醒自己的感覺上。

有時我們可能需要別人的幫助，那是會無條件站在我這邊的人，可能是家人、朋友，我們可以向他們請求幫助。但如果覺得那樣會增加精神上的疲憊，那麼就暫時先讓自己獨處吧。無論用什麼方式，都必須有為身體和心靈充電的時間。

在充飽電之後、活力滿滿的狀態下，挑戰一下創意性的工作吧。嘗試尋找自己的潛力，為生活注入不同的活力。可能是一直很想做，卻又覺得不是很重要所以一直沒做的事，例如學畫畫，或將寫過的文章收集起來整理成冊，也可以把房間好好佈置一番。現在就開始吧。以前因為「要賺錢買房子」、「工作比較重要」等原因而被排除在優先順序之外的事情，現在就動手去做，這樣不但可以轉換心情，還會逐漸產生新的能量。特別要注意的是這時應該放下追求完美主義的執著，只要輕鬆的去做就好，好好享受過程，別讓帶著愉悅開始的事，到最後成了另一種壓力。

我們不需要對過去的生活感到自責和痛苦，應該給被賦予任務而努力完成的自己一點安慰，告訴自己，「辛苦了」、「一個人很累吧」、「這段期間一定很想停下來休息吧」。有誰能像你在這麼長的時間裡持續努力呢？就當是給了不起、優秀的自己一份禮物。好好檢視靜靜地在內心深處沉睡的疲憊所代表的意義，好好思考自己是為了什麼而麻痹了感覺。

Tip

感到疲憊時就先停下來，感知身體的信號，給自己充分的時間休息。

八

情緒也需要紅燈

——關於憤怒

只是想好好過日子而已
還好把憤怒發洩出來
請聽我說話
憤怒成為我的武器
先暫停一下
與自己和解

在「情緒調節障礙」一詞出現後，許多人開始留意自己的情緒，尤其對憤怒感到恐懼，因為察覺到了自己會被無法控制的怒火吞噬，因此敲響了心理諮商室的大門，這點是值得慶幸的。然而，在追究憤怒產生的破壞性結果之前，一定要先找出問題根源。所有情緒的產生都有原因，憤怒也不例外，同時正如其破壞力一樣，憤怒的原因對我們來說非常重要。

只是想好好過日子而已

希貞正為了要不要辭職而苦惱。好不容易爬到現在的職位，再加上還要還房貸，其實她必須有工作以維持穩定的收入，但同時在職場中卻也發生令她難以忍受的狀況：上司的言語霸凌。

面對這種狀況，有人說就裝作沒聽到，不要放在心上。但是對希貞來說，這個刺激比想像中還大，如果繼續再強忍著隨時可能爆發的情緒，她實在很難再堅持下去。她心裡幾乎是打定主意要辭職了，在離開之前向平常交情很好的前輩吐露心中真實的情緒，然而在這過程中，希貞這才發現上司和自己的父親非常相似。

希貞的母親因為不堪忍受父親長期的暴力，在她還小的時候選擇離開這個家。每當想起被母親拋棄的記憶，希貞心裡就感到陣陣淒涼。她無法相信母親竟然丟下自己而離開，再想到要和嗜酒如命的父親一起生活更是感到恐懼。但一個小小年紀的孩子能怎麼辦呢？只能盡量凡事順著父親的心意，戰戰兢兢地生活罷了。母親離開之後，父親更變本加厲，每天都活在緊張中的希貞，只要一吃東西就會消化不良。或許是天性，在這種時候平時粗暴的父親倒也是會悉心照顧她。在暴力和照顧相伴的生活之下，希貞感受到一種奇妙的安全感，不知不覺就這樣撐了過來。

等到希貞長大成人之後，對父親的感情卻變得越來越複雜。母親離家後父親沒有遺棄她，一個人把她扶養長大，對此希貞心存感謝，但另一方面，對上了年紀的父親仍然不改本性，凡事都以自我為中心思考，一貫惡言相向的性格又感到厭惡。

在無力又無奈的生活中，唯一能讓希貞打起精神的只有「工作」。不管工作有多棘手，她總是全力以赴達成目標。與充滿壓力的日常生活相比，解決工作上的問題根本不算什麼，希貞覺得工作有趣多了。或許也是因為長期壓抑的憤怒轉化為動力，希貞才會努力在工作上不斷前進。然而如今在她面前卻出現了一位性格如同父親一樣的上司。

上司喚醒了長期以來希貞對父親壓抑的憤怒與不滿。看到和父親相似的上司讓希貞非常生氣，對她來說，憤怒是深深的傷痛和挫折感的表現，這是出於無意識的威脅。在家裡如果膽敢違抗父親，就等於沒有好日子過了。但是在公司，不管再怎麼憤怒，她也不可能表現出來，因為公司給予她取得成就的機會，對她來說意義重大。

其實希貞並不想辭職，現在的她要做的應該是仔細觀察自己爆發的憤怒。雖然可以意識到憤怒的根源，還是很難平靜，但是藉由觀察合理化自己的憤怒，可以獲得新的力量，因此這個過程非常重要。透過這個過程慢慢產生堂堂正正面對上司的勇氣，至少可以先避免衝動辭職，或抱著莫名的羞愧感度日如年，放棄自己在公司多年的努力以及尚未完全發揮的潛力和可能性。

還好把憤怒發洩出來

當時的多恩似乎經常發呆，心裡一直告訴自己：「他是愛我的，他想和我在一起。」努力說服自己理解狀況，但卻只是讓心情更沉重和焦慮。

記得那天是校慶，一向熱衷參與社團活動的多恩，正是在學校的最後一年。畢業前一切都很混亂，但她還是抽空去參加社團聚餐，就在那裡遇見了已畢業回來的學長。社團成員沒有一個不知道那個學長，因為他人緣很好，一直很受學弟妹們的歡迎。多恩以前就聽說很多關於他的事，這次難得回學校，多恩終於見到本人，兩人相鄰而坐，多恩很興奮，好奇地問了他很多問題。一方面也為了緩解緊張的心情而喝酒，一杯、兩杯，越喝越多。不知不覺續攤、再續攤，當多恩睜開眼睛清醒過來時，人已經在一間小旅館的房間裡。

之後多恩與學長又單獨見了幾次面，每次都是先喝酒，然後就很自然地到附近的汽車旅館。兩人都不太了解彼此，多恩也不想每次見面就是上床，但是她又莫名地害怕確認彼此的關係，結果就這樣一直拖下去。直到某天，她終於鼓起勇氣問學長：「我對你來說算什麼？」問完話的那一瞬間，多恩看到學長眼神微微晃動，接著閃過一抹微弱的冷笑，以乎透露著「妳在說什麼啊？」的訊息，一臉莫名其妙的看著多恩。不，應該說根本是無視，這讓多恩打了個冷顫。那天，多恩第一次甩開學長的手轉身離去。在這段不算短的時間裡，圍繞在她周圍徘徊不定的情緒發揮了力量，讓她做出正確的選擇。

那段被對方當作砲友的期間，多恩的自尊心已經跌入谷底。雖然她心裡充滿混亂，卻又不能告訴任何人，所以她也無法客觀地縱觀整個關係的狀態。這段時間的傷痛以各種形式折磨著她，羞恥心和對關係的失望導致多恩將自己拋在腦後，就算有新的關係出現也難以維持。這種時候如果能夠仔細察覺自己的情緒，領悟到在情緒背後的意義，就可以從泥沼中擺脫出來，打開心扉並鼓起勇氣做出改變。

雖然有點遲了，但多恩最終還是察覺到自己心底憤怒的情緒，真是太好了。多恩的憤怒包含了作為一個人想要得到尊重，不願成為某人洩慾的對象、不被強大的力量壓制而屈服的意志。

請聽我說話

從小就乖順聽話的明宰，最近卻常常頂撞父母。正好升上國中二年級的明宰，因此被周圍的人揶揄說他終於得了時下年輕人說的「中二病」，進入青春期了。然而他會變成這樣是有原因的。

明宰的父親是個溫暖的人，但同時也很保守。為了兒子著想，父親自行設定生活規則並且嚴格執行。舉例來說，在使用電腦方面，明宰的同學都在玩網路遊戲，但只有明宰沒有，這使得他在同學之間總是無法融入。雖然很想向父親要求在適度範圍內偶爾也玩一玩遊戲，但只要他一提到「電腦」、「遊戲」這些詞，父親就會立刻板起臉，拒絕任何溝通。這種嚴厲的反應讓明宰也心情很不好，有話想說卻說不出口。父親的管控又越來越嚴格，還叨唸著現在的孩子身在福中不知福，只知道隨心所欲，讓明宰只想把耳朵摀起來。

另一方面，情緒化的母親也讓明宰覺得很痛苦。看到成績單上的好成績，會像擁有了全世界一樣高興；但只要明宰考試成績不如預期，母親就立刻變得憂鬱。這樣忽冷忽熱的情緒讓明宰產生反抗心，他不禁會想：「只有成績才重要，我這個兒子一點都不重要。」沒有人關心明宰的心情，沒有人知道明宰其實也想努力，但是有時真的太累就忍不住睡著了，考壞了他自己其實也很難過。

父親不分青紅皂就指責明宰：「整天就只想著跟同學出去玩，根本就沒有心思讀書。」而母親則滿是絕望的表情，讓明宰感到莫名的憤怒。

現代人所稱的「中二病」，或許是青少年在開始產生自我主張的發展過程中，因為還無法正常表達情緒而出現的現象吧。明宰的父母尊重兒子，但卻沒有做好傾聽他心聲的準備。明宰的父親以自己的標準，判斷兒子是「成天只想玩和愛唱反調的屁孩」，繼續在這樣的框架內進行對話。明宰的母親看起來比父親容易接受，但是比起關懷兒子，她更著重在滿足自己的需求。久而久之，就在明宰心中累積了「我有話想說」卻沒有人肯聽的挫折感，並帶來了憤怒。

口口聲聲說為我著想的人，卻不肯好好聽我說話，想想那是什麼感覺？得不到尊重，話還沒說出口就感覺被堵住了嘴，就像為了生存而掙扎一樣，或許還會產生攻擊性。明宰很想知道，到底有沒有人會真心聽自己說話？他希望有人能問自己哪裡受到挫折，他想回答這個問題，但似乎沒有那樣的人存在。連自己都無法理解的複雜情緒因憤怒、因為對父母的抵抗而終於爆發出來。

憤怒成為我的武器

回溯到古老的過去，憤怒是幫助守護自己的領域和糧食的情緒。如果受到攻擊時不能發洩憤怒，就無法自我防禦，所以憤怒是為了生存必不可少的情緒。但是到了現代，幾乎已不存在直接威脅生命的攻擊。然而即便如此，人們還是會感到憤怒，這是因為現代生活表面上看起來沒有對生存的直接威脅，但卻存在著無視與歧視，所以現代人是為了保護自己內在逐漸死去的靈魂而憤怒。

所以「憤怒」本身並不是壞事，無論是表面還是內心，都是為了守護生命的自然情感。只是在發洩憤怒時，我們必須審視當下狀況是否真的具有威脅性，或者處於什麼樣的危機狀態，因為憤怒有時會帶來破壞性的結果，所以必須小心處理。

先暫停一下

試著先深吸一口氣，中斷情緒，如果被暴躁的情緒包圍，就很難準確地表達自己的想法。為了自己，必須先暫停一下，想想在什麼時間點生氣、為了誰或為了什麼事物、我想要的結果是什麼、讓我感到挫折的是什麼，如果這些都已經整理好了，再表達出來。也可以問問自己說的話和行動代表了什麼，如果因此能說出自己受到的傷害，並得到道歉或消除誤會的話，就很圓滿了。

然而在大部分情況下，我們都會先抱怨後再感到後悔，或是因為沒能充分發洩怒氣而自己生悶氣。這時換個角度想，慶幸還好有明天。「過去已經過去了，不可能挽回，但生活仍要繼續，不要讓過去的傷痛吞噬了我的全部生命。」

與自己和解

在強烈的憤怒背後，很可能伴隨著無法原諒自己的心。氣自己一忍再忍，對於當下無力閃避而受到傷害感到悔恨。各種委屈和屈辱交織在一起，讓我們更加憤怒。為了解決這樣的情緒，我們需要與自己和解，告訴自己：「當時應該很害怕吧，那種狀況當下的確無法充分表達。當時還年幼的我什麼都做不了，就只此為止，不要再怪自己了。」

沒有人不曾受過傷。但是如何治癒這些傷痛，如何重新出發，關鍵在於此時此刻的選擇。若想擺脫一再反覆的憤怒情緒，首先要與憤怒中的悲傷相遇。花點時間關心、撫慰並擁抱那熾熱又讓人畏懼的情緒。過去帶著憤怒吃力度日的你，現在可以拋下那沉重的心。以自由、美麗的心迎接未來的日子吧，閉上眼睛，擁抱小小的自己，說聲「我愛你」。

Tip

現代人是為了保護自己內在逐漸死去的靈魂而憤怒。

九

不完美更美

——關於不安

如果不完美，就是不好
不再相信愛
消失的東西
不安總有一天會過去
一點一點的洩氣
動搖了也沒關係

大學時，像是遲來的青春期突然到來似地，帶著一股倔強的反抗心，我自作主張休了學然後一個人去旅行。那是我第一次單獨旅行，而且直接去了海外，當時我是一個沒什麼錢、其實膽子也大不到哪裡去的二十出頭女子，為了節省車費盲目地走著，在漆黑的夜晚迷了路；關在公用電話亭裡，躲避用聽不懂的語言向我咆哮的陌生人，巴不得馬上飛回家；陰錯陽差沒買票就搭上了火車，因為害怕被可怕的列車長抓住，而一個人躲在洗手間裡偷哭。雖然現在回想起來仍餘悸猶存，但這些都是令人回味無窮的珍貴回憶。

但同時，當時因為被不安包圍而流失的時間，現在想來仍感到遺憾。好不容易找到的小村落，卻什麼也沒有做就離開了；因為英文能力太差心生恐懼，所以沒能趁機交到外國朋友；還有終究還是因為只有自己一個人而害怕，所以很快就收拾行李回來。不安的情緒雖然會形成防禦機制，避免危機，但有時也會阻止我們的行動，阻止我們前進。這類的不安大多是過度的情緒，就像故障的火災警報器一樣，沒來由的就響了起來，吵吵鬧鬧地折磨我們，在生活中留下一些遺憾。

如果不完美，就是不好

尚燮為了搬家累得筋疲力盡。他從小就很難做決定，朋友都戲稱他有「選擇障礙」。他也知道自己凡事都會想太多，特別糾結於消極的想法，給自己製造不必要的不安，因為這樣的個性，他經常與女友發生爭執。他也很想改變，但若遇到必須在有限的時間內做決定的情況，不管大事小事，那種壓迫感和無法平息的不安就會帶給他很大的痛苦。這回搬家，莫名的不安達到了高峰，最後終於搬完所有行李，然而他也病倒了，只得傳訊息給主管表示需要再請一天假。

尚燮的父母對所有事都力求完美。父親在公司裡以工作嚴謹出名，很快就晉升到管理職。母親是家庭主婦，但也為了事事完美不給人挑毛病而時時繃緊神經。由於父親和母親都很出色，因此給尚燮帶來很大的壓力。父母這種完美主義的強迫性格，導致無法容忍失誤的僵硬家庭氛圍，父母與尚燮的對話只有評價和指責，讓尚燮長大成人後成為自律嚴謹的人。但他心中的審判者時時刻刻都束縛著他，「應該做出沒有失誤的完美選擇」這樣的想法，卻讓他無法做出任何選擇。

面對不同選擇時，尚燮經常把自己搞得筋疲力盡，他會對自己提出苛刻的標準，並強行加諸在周圍的人身上，以致於反覆破壞人際關係。

尚燮不安反映了人類想要守護安全的基本需求。在危險的情況下，如果感受不到不安，就會在無防備的狀態下嚴重受傷，這不管對身體還是心靈，都是致命的。因此，適度的不安可以讓人謹慎，具備責任感完成工作，取得好的成果。

但是過度不安的背後，很可能隱藏著另一個欲望的挫折，對自己缺乏信心和信念，也就是明知道這世界充滿了無法控制的東西，卻沒有自信在其中找到解決方法、守護自己。但是，相信自己、隨著心之所向以自由意志行動的欲望，在生活中就像「安全」一樣重要。

其實尚燮從小就被剝奪了「自律性」。父母以「必須沒有失誤、要完美」為由，剝奪了讓孩子自己選擇的權利，因此沒辦法培養出孩子的獨立性。從小被教育必須做出完美選擇的孩子，成為一個無法獨自做出任何選擇的人。當然，父母不能對孩子的人生負責到底，對於過度依賴的孩子反而會予以指責，讓無法獨自選擇、也不能安心依賴別人的孩子，只能在有限的範圍內控制情況，勉強堅持下來。

即使小時候不被允許犯錯，但尚燮現在也應該可以充分嘗試犯錯了。生活中必然會有大大小小的失誤，每個人都必須透過面對並承認失敗和傷痛才能成長。尚燮的不安表現出在自律性的部分受挫，他想相信自己、相信世界，想充滿自信地向前進。

不再相信愛

首先提出分手的是宥琳。雖然是氣頭上說的話，但是實際上她早已因為長期反覆循環的模式而疲憊不堪。她現在不想再反覆播放同一首歌曲等待男友的聯繫，她不想再做男友喜歡的料理，不想再把放涼的湯拿去熱，她也無法再強忍著淚水裝作若無其事地接聽男友的電話。現在時候已經到了，該放棄那些幸福又孤獨的時間。

提出分手後，男友緊抓著宥琳，急著說不能就這樣分手，過去兩人曾經多麼相愛。但宥琳依舊狠心甩開男友的手轉身離去，但奇怪的是，宥琳卻感覺是自己被甩了。

在交往的時候總是懷疑男友到底是不是真的愛自己，原本以為分手了就能擺脫這種茫然的不安感，但即使分手，情況還是沒有改變。為了確認這段時間男友是否真的愛自己，宥琳不得不翻出過去的記憶。她非常愛男友，因此一直堅持著，甚至可以放棄自己擁有的一切。但是一想到男友可能沒那麼愛自己，她就覺得委屈和生氣。但另一方面，又想到男友曾經做出愛自己的表現，又覺得自己提出分手讓對方陷入不幸中，這讓宥琳感到非常羞愧。

反反覆覆的想法和情緒每天折磨宥琳好幾次，某天她一時受情緒趨使，寄了封電子郵件給前男友。寄出之後遲遲未收到回信，一再確認信箱還擔心自己沒成功寄出去，但同時卻又害怕收到回信，她的心因不安和焦慮，一點一點地燃燒著。

在不信任的狀況下愛上一個人是什麼心情呢？每次都要確認過才能安心的關係到底算不算愛情？雖然在感情中兩人很難同時付出相同的愛，但也不能因為有一方比較不安，為了緊緊抓住另一方而做得比較多，這樣就定義是愛。

在感情中感受到的不安其實很難找出明確的原因，因為不知道是因為自己的心理，還是對方的問題。或許是不斷想確認的心故障了，也可能是對方無法給予信任而產生懷疑，總之會越來越複雜，可以確定的是，雖然想愛，但卻又因為無法滿足而變得不安。

要坦白這種不安的心情也不是件容易的事。如果坦白之後能夠比較好過，或者說開了之後能平復之前受挫的感覺，那麼負面情緒就會消失。但不幸的是，通常在愛情得不到滿足造成的不安，越是坦白表達會越嚴重。「如果我說出來，他會不會離開我呢？」「會不會造成他的壓力？」各種亂七八糟的想法填滿腦海。

原本就不夠信任，還要說出心底的話，也就是雖然愛他卻不相信他，那就像一種刑罰，想結束也身不由己，只能繼續在痛苦中忍受不安。

這種在感情關係中的不安來自於在生命初期與養育者所建立的關係，也就是依附關係理論。在童年時沒有和父母建立穩定情感的人，只要看不到父母、不知道父母什麼時候出現就會焦慮不安，屬於「焦慮型依附」；相反地因期待、失望、受傷的反覆經歷而變得無力，與父母保持距離的人，則屬於「迴避型依附」。在成年後進入到情感關係中，就會不自覺重複自己與父母的關係。

如果以上兩種類型的人交往，問題往往將更嚴重。一方是越靠近就越想逃離，另一方則是拚命想抓住而苦苦糾纏，兩人很難維持適當的距離，自然無法建立穩定關係。在爭執與和解的過程中，有時可以讓兩人的感情更深厚，但是情況如果反覆，很容易會感到疲憊，各自發現自己的弱點，陷入自我厭惡之中。遇到這種狀況，兩人必須先暫時分開，各自先處理好自己的問題。惟有經歷過一定程度的穩定關係，日後在遭遇更困難的關係時才有解決問題的力量。

消失的東西

難得回家一趟探望上了年紀的父親，延植回來後經常陷入不安之中。偶爾家裡打電話來，他的心就會怦怦直跳，提心吊膽地胡思亂想會不會是父親出了什麼事。有一天還做了惡夢，夢裡身穿黑色韓服的父親滿臉疲憊地看著他，與那悲傷的眼神相遇的瞬間，延植從睡夢中醒來，冷汗直流。

和父親的關係算好嗎？延植的父親工作一直很忙，在家的時候父子倆很少交談。因此了解沉默的父親心情如何，是延植的重要任務，至少在母親發生意外離世之前是如此。在母親離世後延植被派駐到外地工作，每個月回家一趟看看孤獨的父親是他最大限度的盡孝。

事實上，延植心裡隱隱覺得一切都是父親的錯。開車不熟練的母親為什麼會突然在深夜獨自一人開車出去？是不是因為長期以來對父親的語言暴力和漠不關心已經忍無可忍，所以才做出衝動的選擇？雖然心裡這麼想，但只要一想到萬一哪天父親也突然離開人世，延植就無法控制的焦慮不安。

在以存在主義哲學為基礎的存在主義心理治療中提到，人類之所以會感到不安的根源是「對死亡的不安」。我們會在什麼時候恐懼死亡呢？是在覺得一生都過得很好的時候嗎？恰恰相反。如果我能接受自己現在的狀態並充分感受到幸福，那麼無論何時走到人生終點，都會是沒有遺憾的心情狀態。雖然對以後的責任可能會感到擔心和遺憾，但遺憾和不安是不同的。那麼，對於過度害怕死亡的人，即平時因為擔心不安全而焦慮、緊張的人來說，或許就是因為對人生留有某種餘恨吧。

延植壓抑了對父親的複雜情感。長期以來，父親不把家人放在眼裡，只顧過自己的生活，對此延植感到生氣。身為兒子，卻從未感受過父愛和尊重，延植因此而感到很難過。在失去了心愛的母親之後，他的失落感演變成對父親的怨恨，難以承受，最終逃避到很遠的地方生活。但因為是自己的父親，該解決的課題就像行李一樣跟著他，始終擺脫不了。在延植的內心深處該解決的重要課題，是他一直都想得到父親的愛，想理解父親的心情。

在這種情況下，如果父親某天離開了，延植就再也無法吐露埋藏在心底許久的感情，也得不到答案。延植的不安透露了，在沒有安全感的家庭中長大的他，一直都在迴避必須解決的問題。在父親去世之前，他必須全心嘗試進行真誠的溝通，以及哀悼。

不安總有一天會過去

不安是難以靜止的感情，因為其中包含了無數的情緒。有時不安起因於害怕，有時被包裝成憤怒。若覺得必須在失去控制的狀態下邁出步伐，就會陷入恐懼之中。但不管怎麼樣，情緒會過去，所以不安也必然會消失。

引起不安的原因終究只是對未來的推測，尚不是事實，現在也還沒發生。我們無法將未來固定成安心的狀態，如果是命運，也無法改變。很多時候等到事後再回想起來，會發現其實與原本想像中不同的未來也不算太壞。

回想起來，讓我們如此顫抖的不安也只是一種情緒罷了。有時，可以透過冥想或散步來安撫心情，就可以減輕不安。不安的情緒或許比其他情緒更誇張，感到不安時會瑟瑟發抖，但過了一段時間後，不安就會像氣球洩了氣一樣消弭。沉澱之後，再靜靜凝視自己的身體和心靈，如果在平靜中仍然有刺激我的東西，就試著停留在那裡，看看隱藏在氣球中的是孤獨、是因過去的傷痛而產生的恐懼，還是深埋在骨子裡的怨恨？

一點一點的洩氣

有時候就當是自己練習不夠吧。任何人在第一次嘗試時都會感到不安，雖說透過反覆試驗可以從錯誤中學習，但沒有人不怕失敗，就連還不懂人情世故的孩子也本能地會害怕。所以，先接受自己的不安吧。

我們都很清楚，過去的心理創傷會擴大恐懼，導致慢性不安。既然如此，更不應該強行逼迫自己，我們要學習尊重自我的不安，擁抱即便受了傷也堅持到現在的我。然後重新開始，一點一點地嘗試。像初學步的孩子一樣，支持自己，讓自己能夠愉快地犯錯和學習。

很久前我訂閱了一個 YouTube 頻道，名叫「硬梆梆瑜伽」。雖然小時候確實有人說我的身體比較僵硬，不過在成為心理諮詢師之後，接觸到冥想和瑜伽，也練習了一段時間，怎麼說應該都已經脫離了「硬梆梆」的狀態才對。所以雖然訂閱了頻道，但實際上我並不常看，平常看的還是其他頻道教的那些較困難的瑜伽動作。有一段時間，我每天早上持續做瑜伽，我相信這樣身體會越來越柔軟，心情也會變得比較平靜。然而到後來卻變得沒有動力，即使只有十分鐘的影片也沒耐心跟著做完。

偶然發現每週日「硬梆梆瑜伽」都會進行直播授課，於是帶著好奇心打開頻道收看，跟隨著直播中的指引呼吸，一點點地以舒服的狀態移動身體。一個小時不知不覺就過去了，這種課程體驗讓我覺得非常新鮮。

無精打采時會知道「現在我的身體沒有活力了」，然後專心呼吸，身體就會逐漸振作起來。這就好比對正在大哭的孩子說：「不許哭！」他反而會哭得更厲害，如果輕聲地說：「你現在很難過是吧。」孩子反而會慢慢平靜下來。只需要一點一點慢慢地安撫，這樣比想像中更簡單、也更具治癒效果。

原本期待就算只是產生一點點活力也很好，但持續了一個多月後，雖然只是順著呼吸做動作，卻在不知不覺間神奇地完成之前一直做不來的瑜伽動作。我想起了瑜伽老師的話：「只有專注在細微的動作上，才能感受到每一吋細微的肌肉。」隨著累積越來越多細微的動作，從身體深處開始變得柔軟。

說不定我們都有自己不知道「硬梆梆」的一面。長大成人，不代表在各方面也都已經跟著成熟，應該承認有些部分還是停留在孩童時期，被留在我們的身體裡。讓我們靠近因僵硬而容易斷裂的心、總是不安的心，慢慢移動，直到充分變得柔軟為止，從心靈的角落開始改變。

不是完美的選擇就會被拋棄，這種想法或許正是不安的源頭。「馬馬虎虎」的指責是對自我的否定，再次讓自己感到不安，應該從心裡肯定自己不是一個馬虎隨便的人，在我心中的那個審判者，充分理解我如何保護自己（例如避免父母尖銳批評的方法），給予正面的感謝。被接納的心會變得柔軟，會聽到「現在已經不需要再那樣保護自己了」。

除了自己轉念，也可以向周圍的人請求幫助。與其獨自煩惱，不如告訴朋友或家人，減輕一些負擔。得到某人的幫助也是給對方施予的機會。我的不足有時可以滿足你的某種需求，成為你我進一步建立連結的機會。

若因為對關係的不安而在感情中反覆挫敗，那麼應該先撫慰自己像孩子一般脆弱的心。雖然已經是大人了，但不能否認內在的自己還是像個渴望母愛的孩子。

認同自己內在的小孩，給予安慰。如果心裡堆積了各種情緒垃圾，擔心會突然爆發把現況弄得亂七八糟的話，就去找諮詢師來幫助清理這些情緒垃圾吧。自己一個人胡思亂想，累積起來的壓力就會增加心理的不安感，再怎麼容易膨脹的氣球也是有限度的。別一個人拚命的吹氣，先停下來喘口氣，可能需要有個人接過氣球，適度地一點一點把過多的氣洩掉，就像僵硬的身體在瑜伽老師的指引下，慢慢地也會變得柔軟。

動搖了也沒關係

不安的人，特別是在人際關係中沒有安全感的人，平時大多不會表露出自己的想法。因為無法信任對方，在自己腦中的小宇宙會接連出現許多複雜想法，最後乾脆閉口不談，因此找諮詢師說出自己的心聲，對他們來說是很不一樣的刺激。

不安的人通常剛開始會不知道該怎麼說，所以會先觀察諮詢師的臉色，心裡害怕成為被評論的對象，因此常常以「因為覺得很不安所以不知道該說什麼」作為開場白。但這並不是壞事。其實能夠有心想了解自己、想說出心底的話而來到諮詢室，這已經是很棒的事了。過去在持續的不安中獨自度過各種艱難，一路走到現在的你，同樣也很了不起。

將心底的感覺充分表達出來，那種不安的情緒就會減少，因為在「接納」的大懷抱裡，不安會平息。不需要爭執，也不用特別費心，只要靜靜地看著並認同，也許這就是答案。

太麻木、心如鐵石的人是沒有魅力的，比起端莊秀麗的插在花瓶裡，但看起來像假花的花朵，隨風搖擺的大波斯菊更美麗。就是因為會不安、會動搖，所以更有魅力，因此，不需要急於催促自己擺脫不安。

Tip

在危險的情況下，如果感受不到不安，就會在無防備的狀態下嚴重受傷，這不管對身體還是心靈，都是致命的。

十

偶爾看看獨處的自己

——關於寂寞

在人生的中間點
當痛苦吞噬我的時候
為了像別人一樣生活
為毫無意義的事情獻出熱情
成為彼此的夜晚
只為自己做的事

如果「孤單」尚不足以形容獨自一個人失落的狀態，那應該就是「寂寞」比較貼切了。還有「孤獨」，與孤單不同的是，孤單是一種失落、受挫的情緒，而孤獨是一個人獨處時也能滿足的積極情感。選擇獨自一人的他們並不孤單，而是孤獨，是可以自在地與自己相處的孤獨。

而寂寞就在孤單和孤獨之間的某個地方，夾雜著些許的憂鬱，就像有時我們會把冷颼颼、陰鬱的天氣用「寂寥」來表現那種寂寞、空虛的感覺。孤獨可能是自己的選擇，而寂寞卻像是遠處生成的冷風，突然向我們襲來。

有的人會「啪」的一聲眼淚就掉下來，有人則是若無其事地迴避寂寞，假裝一切如常。

面對這寂靜的危機時刻，我們該如何接受並繼續前進呢？

在人生的中間點

「叮咚～叮咚～」一大早手機就接連傳來訊息聲。今天是璉靜的四十五歲生日，手機一到生日這天就異常熱鬧。如果要說與以前有什麼不同，那就是訊息的來源變了。璉靜睡眼惺松地拿起手機，一一確認來自美容院、化妝品專櫃、美甲店的祝賀訊息。在其中看到老朋友傳來的祝福，附上咖啡店電子禮券當禮物，還有一個令人心情愉悅的貼圖，璉靜感到莫名的安心，還是有朋友一大早就祝我生日快樂，想來我做人應該算不錯吧。

璉靜頓時打起精神起床，急忙準備早餐、叫醒孩子。對正值青春期的兒子不耐煩的起床氣，她現在也已經習慣了，並不覺得難過，只是有點想念以前會在出門前說聲「媽媽生日快樂！」的兒子，當時真是貼心多了。度過了忙碌的早晨，璉靜終於有時間為自己沖杯咖啡，一邊聽著廣播，她突然開始哽咽。

廣播流瀉出的旋律是《拉赫曼尼諾夫第二號鋼琴協奏曲》，長笛和單簧管小心翼翼地疊在鋼琴聲上，璉靜想起以前喜歡的歌手曾經在廣播節目中唱過一首歌，其中一小節就用了這首曲子的一部分。也許是想起了往事，那段全心全意愛過又離別的年輕歲月隱隱掠過。在失去了珍貴的人之後轉身，放下手中執著的迷戀，一個人獨自走著，一邊撫慰自己，心真的好痛。就像鋼琴和管樂器接連共譜的美麗樂章，你我的人生是否會無止境地延續下去呢？在人生的某個時刻，你也會記得那些曾經被堆疊起來，又漸漸遠去的時光嗎？此時此刻我的人生是否順遂？璉靜為了不要讓寂寞的情緒使自己崩潰，她緊緊捧著熱得燙手的咖啡杯。

分析心理學家卡爾・榮格（Carl Gustav Jung）所說的自我實現過程，是從尊重每個人的固有性格開始。因為每個人都具備固有的特性，所以我們不能輕易斷言哪種性格更好或更壞。而且這些不同的特性，隨著人生進入中年之後會逐漸融合在一起。例如，在原本外向的人身上會發現有內向的一面；在害羞的人身上也會發現有活潑的時候。

與此同時，也就是將面臨所謂的「中年危機」。中年危機，可說是在接受自己與以往不同的一面時產生的負面情緒。過去社交性強、活躍的男性，隨著年齡的增長，會逐漸偏好享受安靜的時間；如果個性從積極轉向消極，可能會責怪自己變得畏縮不前。在自己一個人獨處的時間裡，可能會陷入各種消極想法而變得憂鬱；或是雖然一個人很自在，但卻也會因為陌生而感到空虛。回想起充滿活力的年輕時期，可能會感到失落、後悔和遺憾。或是用遲來的熱情做了很多事，卻感到力不從心時，就會意識到自己身體年齡的現實而感到悲傷。像這樣進入中年後全新的自己，卻也同時失去了很多之前認為理所當然擁有的東西，而面臨哀悼的時刻。

四十五歲生日當天哽咽的璉靜，正在哀悼為了珍貴的事物，而不得不失去許多機會的自己。任何人都不可能在一生中實現所有夢想，生活中有無數的機會，但往往我們只能選擇一個，同時必須對自己的選擇負責。結婚生子，就得放棄未婚單身的自由，遵循著已婚者的義務，獲得另一種人生價值。儘管如此，我們仍經常想念及感到遺憾。璉靜的寂寞是在哀悼因選擇而失去的人生，是想要從自己的選擇中尋找意義的渴望。

當痛苦吞噬我的時候

今年一定要考上！雖然準備考試的過程很辛苦，但奇妍覺得自己比之前任何一次都集中，也充滿了自信。最重要的是，必須獨立這件事已經無法再拖了。然而在今年的公務人員招考中，奇妍還是落榜了，她為此鬱悶不已，想到以後就覺得茫然。這時，正好看到一家企業的緊急招聘公告，或許是急著想有個結果，奇妍連忙提交履歷。面試時，她展現了十足的活力和實力，於是順利得到了這個原本沒有預料到的工作。

離家獨立之後，奇妍不知疲倦地努力工作，很快便適應了新環境。就這樣過了三個月，某天下班的路上格外寒冷，奇妍獨自走回家，心裡莫名地感到淒涼。回到租屋處，打開沒有溫度的大門，孤單、寂寞、淒涼的空氣襲向了她。

奇妍小時候住在陽光照不進的半地下室，一家五口擠在一起生活，雖然一同分享狹窄的空間，但心理的距離卻很遠。儘管不願意，然而每天還是免不了發生衝突。陰暗的空間、面無表情的家人是家中常見的光景，當時的生活就像戰場一樣，所以奇妍一直想逃離。如今她終於如願以償，然而儘管空間變了，記憶依然存在。奇妍必須獨自忍受心裡依然紛擾的聲音，她常常感到寂寞。寂寞就像一個信號，她需要有人幫助才能找到真正的平靜與安定。

有時候雖然在一起，彼此的內心卻並未一同分享，這會讓我們感到孤單。我們所感覺到的情感大概是陰暗、憂鬱，而在那陰鬱帳幕裡的就是寂寞。許多前來諮詢的人都說，把以前的過錯說出來之後，往往反而心情變得開朗。也有人是一邊流著眼淚訴說小時候受到的傷害，終於卸下長久以來獨自揹負的心靈包袱後，這才發現自己的內心是如此沉重。

我們對自己犯的過錯都很難面對了，獨自承受別人造成的心理創傷又該是多麼痛苦啊！這時感受到的寂寞情緒會讓人更痛苦，讓人想逃避。有人會用酒或煙來淡化不愉快的心情，有人則是找朋友天南地北的閒聊來填補時間。也有人埋頭於工作，將大部分清醒的時間都用在公司業務上。但是不管怎樣，我們還是必須一步步走進痛苦中，只有這樣才能進入下一個全新的場景。奇妍為了脫離過去而獨自努力，她成功了，而現在是時候與人分享過去的傷痛，獲得真正的平靜。

為了像別人一樣生活

小兒子考上大學後搬到學校附近居住，那天承赫難得流下了眼淚。身為一個平凡的上班族，這些年來養家、培育三個兒子長大並不容易，但為什麼到現在他才崩潰？怕別人看到，他轉身擦去眼淚，但剛才還在廚房的妻子卻不見人影。放在餐桌上的手機螢幕閃動，是妻子傳來的訊息，「我晚上有約，先出門了。」承赫努力回想最近一次和妻子兩人一起吃飯是什麼時候的事，想想通常老么總是會和他們在一起。承赫回覆訊息給妻子，一方面放下了心，卻同時也感到寂寞。

三十前進入大企業工作的承赫，在與初戀女友分手一個多月後與現在的妻子相遇。當時正是公司業務最忙碌的時期，剛分手的承赫沒有時間悲傷，每天都忙到天昏地暗。但是他的心裡不可能不受影響。部長看到平常朝氣蓬勃的他不時失魂落魄的樣子覺得很不捨，於是好心要幫他介紹對象。承赫不好拒絕上司的安排，就這樣彷彿順其自然地與妻子結婚，不知不覺過了二十五年。在這段漫長的歲月裡，其實承赫一直無法忘記初戀，每到春天，木蘭花開的時候，他都會莫名感到胸悶、失眠。

坐在飯桌前的承赫拿著手機，瀏覽了一遍聯絡人名單，卻找不到可以聯繫的名字。碗櫃裡整整齊齊放著他愛吃的泡麵，承赫煮了鍋熱水拿出一包泡麵，突然對妻子感到抱歉。兩人是從什麼時候開始變得如此冷淡呢？不能埋怨妻子，因為沒有在心裡給她一個位置的人是承赫。承赫不僅對家人感到抱歉，也對自己感到抱歉。他不知道自己到底是為了什麼，汲汲營營了這麼多年，卻在不知不覺中斬斷了所有珍貴的緣分。

在家庭中每個成員各司其職是很重要的，如果父母沒辦法盡到應盡的責任，而讓孩子揹負重擔，更是十分不應該的事。因此為人父母都應該有責任感地扮演好在家庭中的角色，同時夫妻之間也要互相尊重。但是只靠責任來維持的關係是很寂寞的。真心的關懷得不到感謝，沒有愛的尊重只會讓對方感到孤單。還不如乾脆離婚，做好自己分內的事就好。

承赫因為心中一直忘不了初戀女友而產生罪惡感，因此對於自己的責任和義務拚命去做，不惜折磨自己。在漫長的歲月裡，感情和行動已經分開的他，不自覺地把自己也排除在心之外。連與自己都沒有辦法產生連結的人，又能夠和誰建立真誠的關係、培養愛呢？隨著最小的兒子離家，現在承赫的責任彷彿都已經盡了，他不得不面對寂寞這個事實。在沒有孩子和妻子的空房子裡，他的寂寞傳達出他希望有人能留在身邊，他想確認在現實中與人有聯繫、想溝通的訊息。

為毫無意義的事情獻出熱情

「到目前為止我算過得好嗎？」「我的選擇代表了什麼意義？」如果

對這些問題感到疑惑，那麼就先回想一下，是不是為了某個生活目標而過度壓抑了瞬間的欲望。如果答案是肯定的，那就設定一個微小、沒有太大意義的目標吧。可以為了學會彈奏貝多芬的曲子去報名鋼琴班，或是決心每天早晨都要做瑜伽。

有時看似毫無意義的事，卻會讓我們的生活變得特別。步入中年才學琴其實是很美好的事，每天一小時，把鋼琴當作朋友，自己像回到學生時期的孩子一樣，這樣的經歷是多麼新鮮啊。或者也可以學習新的語言，想起曾經很喜歡巴薩諾瓦（Bossa Nova）的音樂，於是去買基礎葡萄牙語書籍。並不是為了留學，所以也沒必要花很多錢去補習班，就挑本入門書，像剛開始牙牙學語的孩子一樣，一個字一個字學會發音。或許有點天分，很快就學會了，就可以知道那美麗的曲子裡的歌詞是多麼可愛，又或是字字句句感嘆悲傷，讓人默默抹去眼淚的故事。

也許寂寞是隨著外界的價值觀，執著於「必須做的事」而忽略自己的真正需求所造成的結果。「因為是媽媽」、「因為是長女（或長子）」當這些角色成為人生全部義務的時候；當「到了適婚年齡」或「該買房置產了」這些聲音在周圍響起時，如果我們不照著別人走過的路去走，感覺就好像會被淘汰一樣，所以只得半推半就地跟著別人選擇，但這樣很容易就會感到倦怠。當身體疲憊、內心空虛而感到寂寥時，不如試著把注意力放在那些無關緊要的事物上，反而會為生活找回活力。

就像撿一片在秋風中飄落的落葉，好好地夾在書本內保存。珍惜並照顧疲累的自己，重新喚醒一直以來被自己漠視的快樂，別再讓那些事隨隨便便就過去了，欣然挪出時間去做，好好地撫慰寂寞。當內心充滿純粹的幸福感時，我們也會變得更自在、放鬆，更能沒有壓力地完成自己應盡的責任與義務。

成為彼此的夜晚

有人說，生兒育女之後自然就可以治癒童年的痛苦。童年渴望卻得不到父母的關愛，成家立業後能夠藉由充分地愛自己的孩子，尋求第二次成長。動物也一樣，撫摸著溫熱的生命柔軟的毛，彼此心靈交流分享愛，在內心深處的舊傷口會慢慢癒合。

如果有一天，在停車場的角落裡發現一隻孤單的流浪貓，試著和牠說說話吧。

「你也會寂寞嗎？」

如果感受到某種交流，對貓沒有過敏，不如就去動物收容所拜訪，在許多曾經受過傷的貓咪當中，或許可以遇到能一起治癒傷痛的珍貴家人。

雖然是理所當然的事，但養育一個生命時應該體認到具有重大的責任感。如同責任的重要性，深入溝通交流可以撫慰彼此的痛苦。或許被遺棄的貓咪就像與過去的心理創傷對抗的我一樣，獨自舔拭著孤單、寂寞。

只為自己做的事

韓國在過去是傳統的父權社會，丈夫負責工作賺錢養活家人，妻子則在家負責家務。一直都在外奔波的丈夫，如果沒有妻子就不會自己做飯吃。但是，讓自己飽足是自我照顧的最基本，所以能夠自己下廚很重要。

如果感受到全世界彷彿只有我一個人般的寂寞，就不要隨便吃泡麵了，為自己準備一頓熱騰騰的飯菜，吃得飽飽的就會充滿能量。如果曾經冷落了自己，想補償那段時間，就學習做料理吧。不需要做什麼山珍海味，只要好好煮一鍋自己喜歡的大醬湯就足夠了。

用漂亮的碗盛飯和湯，再準備幾樣小菜，放一首讓心情平靜的音樂，細嚼慢嚥專心吃飯。想像從食道進入體內的每一粒米飯、每一片蔬菜是如何熟成、與我相遇，如此一來對深入體內消化並讓我變得健康的食物是不是就能產生感激之情呢？健康和幸福靠自己一個人的力量無法達成，而是大自然和其他人們，在各自的崗位上盡最大的努力和真誠，生活才能繼續。如果能有這樣感恩的心、寬廣的心胸，那麼對於想離開的家人是否也能抓住他們的心呢？

波蘭社會學家齊格蒙・包曼（Zygmunt Bauman）在他的著作《液態現代性》中警告大眾，如果為了逃避孤單而失去了孤獨的機會，就等於放棄了集中慎重的思考、反省和創造，錯過了這些行為相互之間進行有意義溝通的機會。只有品嚐寂寞的味道，才能知道我們失去了什麼。孤單、寂寞、孤獨，對於必須生活在社會裡的人來說，這些可說是如宿命般的情緒。它們比其他任何情緒都重要，是告知我們「需要」的信號。我們無法避免，越是想逃避，失落感就會越嚴重。

既然無法避免，就盡情享受吧。有時候覺得生活空虛，有時不想被別人發現自己很寂寞，而躲到某個地方獨自哭泣。有時也想學學偶像劇中的人物，踩著落葉沉浸在憂愁的氣圍中。把這些時刻集合在一起，就是精彩的音樂、電影和故事。把沒有意義的東西聚集在一起創造意義，這才是人生的魅力所在。所以，偶爾寂寞一下也不錯吧。

Tip

寂寞是隨著外界的價值觀，執著於「必須做的事」而忽略自己的真正需求所造成的結果。

十一

逃避之處沒有樂園
——關於罪惡

可以得到寬恕嗎？
一切都是我的錯
這是為了誰的人生呢？
觀察心靈的根源
面對我的真心

有一種情緒有時很容易面對，有時卻很困難，那就是歉意，也就是「罪惡感」。有些人不知為什麼總是覺得抱歉，整日把「對不起」掛在嘴邊；有些人卻過於剛硬，鮮少說對不起。也許經常道歉和拒絕道歉的人，其實都是因為有想逃避的事情，所以罪惡感是一種「承認是我的責任」的沉重情緒。

如果天生就容易感到內疚，即使不是自己的錯也攬在身上的人，是時候讓停止這種習慣了。相反地，如果對反省和改變置之不理的人，就必須接受無法活在真實的人生中所帶來的空虛感。而且要知道，比起對不起別人，更對不起的是自己。到底為什麼有人一生都在承受不當的罪惡感，而有的人是永不承認自己的過錯，逃避責任，寧可維持空虛的生活？

可以得到寬恕嗎？

不知不覺進入這間公司已經滿一年了。剛開始只顧著努力向前奔跑的美善，遇到大大小小的困難和委屈，都忍一忍嚥了下去。然而在持續辛苦和吃力的日常之下，美善終於撐不住了，她發了訊息給組長表示身體不舒服要請假，然後就關掉手機電源。第二天，美善就被人事部叫去問話。這其實不算什麼，因為她比任何人都努力工作，所以心裡坦蕩蕩，但問題是迴避她的同事們。雖然同組的同事都知道她很辛苦，卻沒有人過來安慰她。美善心裡湧起一種情緒，但她無法明確地知道那是什麼。感受到人情冷暖，淒涼的心情後面，隨之而來的沉重情緒壓迫著美善。

最近美善經常做惡夢，夢裡的她還是中學生，迷迷糊糊的混在人群中，大家正輪流欺負一個同學。美善像啞巴一樣一句話也說不出口，她和那個女同學原本很要好，但現在她卻只是眼睜睜看著那個同學在大庭廣眾之下被霸凌。輪到美善了，她一改剛才發愣的表情，用比誰都嚴厲的口氣對那個女同學說話。氣氛變得越來越僵的時候，美善從夢中醒來。

以為已經遺忘，但在美善人生中每個重要時刻，那個場面都會浮現出來。當時沒有幫助朋友，不，反而更惡劣地霸凌朋友，如果她的行為沒有錯，那麼現在對美善置之不理的那些人也有各自的理由嗎？美善不停地問自己：「我到底做了什麼？」

同事們的漠不關心讓美善覺得很孤單，而在這之前她則被嚴重的罪惡感折磨。學生時期為了不要成為被排擠對象，美善最終拋棄了好朋友。因為害怕與大多數同學疏遠，所以放棄了去關心好朋友的心情。長大後，她回想起過去的時光，後悔當時的行為，為此而自責並折磨自己。

但是，她也有自己的理由。在與同儕關係最重要的時期，冒着危險跟隨良心行動，這對任何人來說都是很困難的事。再加上如果陷入不安的情緒中，人就很難做出客觀的判斷，在一群人鼓譟起哄的情況下，自然會被牽引急著表現。她必須先充分了解自己當時的心態，同時還要承認當時犯下的錯，才能向前邁進。

如此一來，美善才能切實感受到無意識中逃避的罪惡感，並進行反省。不只是後悔，還要明白過去自己做錯了什麼，而且那些對現在自己和他人的生活會產生什麼樣的影響。

這一段間會很痛苦，很難受，但是透過痛苦的反省會產生莫大的動力進行改變。美善的罪惡感其實是溫暖的警告訊息，要她承認過去的錯誤，透過痛苦的過程反省後，重新開始。

一切都是我的錯

哲民今天又失眠了。「上午開會的時候說了不該說的話。」「我那樣做會不會讓別人感到為難呢？」他腦中想起上午結束心煩意亂的工作後，在午休時間見到的朋友，他難得到我們公司來，我是不是對他太冷淡了？他說遇到了困難但我有沒有好好傾聽呢？又或者他見過我之後反而更提不起精神了？因為腦中各種想法而疲憊不堪，下班在地鐵站裡遇到後輩，哲民也是一臉不怎麼高興的樣子，結果兩人尷尬地搭同一班車。很希望時光倒流，應該要像個好前輩一樣跟後輩對話。而回到家，哲民還得面對不知為什麼看起來鬱鬱寡歡的媽媽。

從小，哲民就熱衷於一項任務，就是讓憂鬱的媽媽露出微笑。爸爸不知是遲鈍還是假裝不知道，總是察覺不到媽媽的憂鬱。哲民有個哥哥，但他就像不定時炸彈一樣，不在家反而更好。唯一能讓媽媽笑的只有哲民，每當哲民拿到好成績，或描述和同學們發生的有趣小插曲時，媽媽陰鬱臉上露出的細微光采總是讓哲民感到安心。

他靠著那道光采度過了學生時代，似乎跳過了叛逆青春期，直接到了二十多歲，哲民在遲來的彷徨中，好不容易找到工作，在一間小建築事務所上班，他這下才有鬆了一口氣的感覺。但是他對任何人都習慣擺出低姿態，不知為何總是一副做錯事的樣子，事事都難以停止自責，一天不知要說幾次「對不起」。有時哲民也覺得這樣的自己很沒有用，欲哭無淚。

嬰兒在媽媽肚子裡的十個月，可說是在非常安全的環境裡慢慢成長，然而一旦出生就等於是被扔到了陌生的世界，各種苦難便開始了。再加上人類適應環境的能力並不快，出生一年後好不容易才會搖搖晃晃的站起來，要等到語言能力開始發達之後才能與他人溝通想法。要消除對世界的茫然不安，真正享受生活則需要相當長的時間。在此過程中，孩子所處的環境和與重要對象的關係，會對孩子的人生產生巨大的影響。

柔軟而敏感的嬰兒，用各種感官去探索大人所給的一切，學習生活。在此過程中，越是經常暴露在危險的情況中，茫然不安的感覺就會一直存在、紮根。如果在發生意想不到的暴力或一點點恐懼的情況下，沒有人及時給予安慰，那麼這個世界對孩子來說，就是時時刻刻都必須戰戰兢兢繃緊神經、充滿恐懼的空間。

哲民的媽媽很可能具有憂鬱的傾向，也許在生第一胎的過程中，沒有得到另一半的支持而變得無助，到了第二胎，對她來說是為生活增加一個艱苦的課題。如果一出生面對的世界裡，就夾雜著媽媽的疲勞和無力感，那麼這個孩子的性格會如何發展呢？

當能夠溫暖擁抱和寬容接納孩子的養育者不存在時，孩子就會感到茫然和嚴重的孤單。哲民將一切不幸都歸咎於自己，他必須尋找生存的理由。他像咒語一樣背誦著「都是我的錯，我應該好好配合，努力生活」，與茫然的世界妥協。對於已經得到的一切卻感到抱歉的哲民，他的罪惡感在愛與關懷受挫的環境中像無人打理的雜草般茂盛。

這是為了誰的人生呢？

京淑每天都感到很疲憊，雖然很想下班回到家喝杯清涼的啤酒，但大部分的時候根本就沒有力氣了。即使還有一點力氣，也要為了明天早上而保留，為家人準備早餐，準備上班。如果運氣好，還有時間可以先把碗洗了再出門。下班後回家，水槽裡沒有堆積的碗盤就表示可以多休息十分鐘。在倒下睡著之前滑手機消磨就寢前的時間是京淑唯一能享受的奢侈。

兩個孩子加上丈夫，京淑一家四口，卻總是只有京淑一個人忙進忙出做著繁雜的家務。在公司像機器一樣工作，回到家裡又是另一種「上班」，京淑的一生彷彿都是「工作」。她即將滿五十歲了，對老化信號視而不見但現實卻是加倍變老的人生，京淑不免產生了疑問。我是為了誰？為了什麼而活？還好公司裡有同病相憐的同事，讓她稍稍得到安慰。上班時間最大的樂趣就是互相傾聽對方的抱怨，但有一天同事辭職了，京淑的心怦怦亂跳，突如其來的消息讓京淑有種被背叛的感覺。我也很累啊，為什麼好像只有妳最累似的，還把工作辭了。她實在無法理解。

同事說要照顧孩子，照顧自己的健康，讓京淑聽了生氣又不知所措。要好的同事決定好好照顧自己，難道不該說些安慰和鼓勵的話嗎？她懷著複雜的情緒坐下，眼淚簌簌地流了下來。

「我也想放手。不管是公司還是家人，我好想休息，我也想好好照顧我自己。」

為什麼這麼長的一段時間，把自己完全拋在腦後呢？京淑的眼淚像是在向自己請求原諒一樣，一滴一滴輕輕拍打著她的手背。

有些情緒，會像習慣一樣填滿我們的人生。擔心得不到認可而焦躁不安地度過一生的人們，每件事情都會為了別人而犧牲，以撫平焦慮。因為無法區分什麼是我該做的，什麼是你要負責的，結果乾脆全都自己承擔。

進一步來看，其實根本就沒有人要求我負責，只是因為先站出來所以是我做，心裡覺得不是滋味；因為沒人解決問題所以自己跳出來，結果勞心又費力；因為自己先伸出手而生氣。在這樣反覆的模式中心，有一個始終不被認可的孩子。這個孩子因為渴望被認同而削去自己的肉，隨著時間的流逝，新肉長出來，很容易就會忽略了削肉時的痛楚而再次傷害自己。有時甚至痛得喊出聲，而需要堵住自己的嘴。

對於京淑來說，生活是證明自身價值的課題。要享受自己的生活，並從中感受到幸福，要填滿的認可欲望太大了。就像往破了洞的缸裡灌水永遠也不會滿，如同苦行一般的生活繼續著，然而同事的辭職，讓京淑回想起內心深處的孩子，她告訴京淑可以把捂住嘴的手放下，現在哭出來也沒關係。

現在才得以喘口氣的孩子埋怨京淑，為什麼一直以來都忽視我的痛？看著經過長久歲月滿身瘡痍的孩子，京淑的心崩潰了。她的罪惡感正在吶喊要尊重自己，不要再過度費力去證明自己的存在價值。

觀察心靈的根源

面對罪惡感這種沉重的情緒，需要觀察一下起源來自哪裡。這是接納自我的情緒，進而產生共鳴的過程。問問自己，現在的生活被什麼束縛？從什麼時候開始的？如果有在自己內心必須解決的課題，就只能超越了才能自由。相反地，如果糾纏於無關自己責任的事，自我虐待的話，就要趕緊擺脫，好好照顧自己。這樣的過程將如同習慣一樣運轉的生活暫時停止，就像發掘古老的文物一樣，小心翼翼地探索。

在這裡所說的習慣如下：執著於認為自己應該做的，而非真正想做的事；小時候感受到的情緒原封不動地轉移到現在重演；被固定觀念束縛，做「必須」的行為等。在理解過去形成的習慣的同時，也要注意此時此刻我的感覺。就像電影《靈魂急轉彎》中，對地球生活冷嘲熱諷的靈魂二十二號，在落葉掉下來的瞬間感受到新的情緒一樣，永遠對圍繞著我的人們懷著好奇，不假思索的提問，真誠傾聽，喚醒我的「陌生感」，重新體驗世界。

生活具有的可能性比我們想像的要多更多，世界並非那麼不安，而是友好、寬容的空間。先觀察，再找出可以敞開心扉的縫隙。心靈騰出了空間，才有勇氣嘗試。

面對我的真心

現在的我們需要勇氣，需要承認自己犯的錯，請求原諒的勇氣；需要表達憤怒和主張的勇氣。現在是認同自己，為了不被別人的反應左右，鼓起勇氣緊緊抓住自己的時候了。但這並不容易，因此，不要責怪自己「為什麼還無法擺脫童年的陰影？」心裡感到寂寞又委屈，覺得這世上沒有人站在自己這邊，這樣的你能輕易承認自己的錯誤嗎？這是非常吃力又困難的事。

此時，回顧過去並不是為了撕開傷口讓自己更痛苦，而是給為了隱藏痛苦而費力的心帶來自由，為痛苦的心上藥，同時也是確認自己具有克服痛苦的力量。把隱藏在罪惡感中、想迴避的情緒一一掏出來，再送走。這麼做需要勇氣，同時也是很美好的事。

罪惡感就像監獄的教導官，當握住他的手並給予認同時，他會把監獄的鑰匙交出來。當那些在漫長的歲月裡無法釋放的眾多情緒以罪惡感表現出來時，也就代表找到了自由。童年時期與同儕一起霸凌朋友的不安、對出生在暴力環境的憤怒和羞恥、為了得到認可而放棄自己人生的年輕時愚蠢的熱情，這些情緒唯有自由地表現出來，才能與我真實的心靈相遇。

只有深入了解自己的內心，我們才會清醒。雖然不能改變過去，但是可以擺脫扛著過去走向未來的負擔。清醒的內心可以做出不同的選擇，未來取決於現在的我會怎麼做。這就是治癒。

Tip

回顧過去並不是為了撕開傷口讓自己更痛苦，而是給為了隱藏痛苦而費力的心帶來自由，為痛苦的心上藥。

十二 想要自由就得拋棄面具

——關於無力

從哪裡開始出錯的？

想表現得更好

鎖住被囚禁的情緒

接受意志力有限的法則

喚醒生活的感覺

逃跑也有幫助

很多人遇到困難時，都會抱著「沒辦法」的想法，勉為其難地堅持下去。「堅持」就像所有問題的答案一樣。但如果一直堅持下去，最終還是做不到，導致「無力感」擴大，引發憂鬱症的話該怎麼辦呢？真想知道是不是真的就只能這樣堅持下去。

這世界上許多事情都無法如己所願。你的心再怎麼樣也不會和我的心完全相同。雖然強調選擇和意志，但實際上往往並不是自己真的想要，我們也並非先選擇好環境才誕生。感覺就像被困在世界這個巨大的牢籠中，或者站在堅硬的牆壁前，變得越來越渺小。難道真的什麼事都不能按照我的意思做嗎？難道一開始就不該抱持希望嗎？

從哪裡開始出錯的？

雅蘭覺得活著一點意思也沒有。人家都說二十六歲是最耀眼的時期，但越是這樣想，就越覺得自己的人生很貧乏，不禁鬱鬱寡歡，見到男友也板著一張臉。從上個月開始或許是男友也厭倦了，開始減少聯繫。雖然不一定要常常見面，但是因為少了聯繫，她不由自主的生氣。還有上班錯過地鐵、午餐出現不喜歡吃的菜、就連回到家媽媽一聲「妳回來啦」也會讓她瞬間莫名的煩躁，開始繃著臉發脾氣，對什麼都不滿意，一整天就這樣毀了。

從小雅蘭在大家眼裡就是一個正直誠實的孩子，應該是說她過分正直，誠實得不像個孩子。雖然看起來沒遇過什麼太大的挫折，一路平平順順的長大成人，但回想起來，她似乎從未很開心、很盡興的做過什麼。看到其他朋友做著自己喜歡的事，享受生活，雅蘭常常感到一種被剝奪感。尤其是不久前與高中同學聚會後，雅蘭心情變得更煩悶，身體像被岩石壓著一樣沉重。聽到別人說：「雅蘭，也算妳一份吧。」「雅蘭，妳也一起做吧。」這些話，腦中就會自動湧出以下想法：

「把我加入進去？這樣沒關係嗎？」

「我做得到嗎？我從來都沒做過啊。」

激動和懷疑交織在一起，讓雅蘭的心充滿了不安，還不如回到正直、誠實、熟悉的自己身上，重覆過著和以前一樣沉重的生活，然而雅蘭卻也產生了疑問，我的人生到底從哪裡開始出錯了？

美國心理學家馬丁・賽里格曼（Martin Seligman）做過一個實驗，他將狗群分成三組，第一組狗關在籠子裡未施予電擊，不久後便釋放了；第二組狗在籠子裡被施予電擊，當狗觸碰到特定機關時會停止電擊；最後一組的狗施予電擊，但無論狗如何掙扎都不會停止電擊。

透過這個實驗，發現了所謂的「習得性無助」，這是指在遭受挫折時，如果發現不管用任何方法都無法避免失敗，那麼在遇到其他情況時會出現消極、不再堅持的心理現象。

實際上也有研究結果表示，過去受到持續虐待的人，當再次經歷類似虐待時，也不會有試圖擺脫的想法，而反覆成為被害者的角色。進一步擴大來看，有人在父母的控制下生活，不管是自己的情緒或想法，都受到父母的左右。父母可能是出於保護孩子的心態，或是因為父母本身的不安才會那樣，但是過度保護會延續成控制，孩子的自主性被忽略，在這種家庭中的孩子會累積越來越重的無力感。最後，孩子沒有嘗試過為自己做選擇和負責的生活，也在無法培養獨立性的情況下長大成人。他不知道自己想要什麼、能做什麼，一個人拿不定主意。這樣的孩子想當然會自信心不足，對新的挑戰更是連想都不敢想。

雅蘭就像一個帶著習得性無助長大的孩子，她的無力與無助揭示了從小以「要誠實正直地生活」作為武裝，而從未得到尊重的成長過程，現在她必須建立自主性才能改變。

想表現得更好

最近公司同事常說珍景「會不會想太多了？」讓她很煩惱，這等於是在說她多慮了。其實也不是第一次有人對她這麼說，但珍景心裡很在意。她自己也會因為想得太多而感到疲憊，但是不知道為什麼最近對這問題特別敏感。

同事的話就像一面鏡子，其實最近她的狀態不是很好，公司裡堆積如山的工作，讓她忙得回家也沒時間整理，家淪落為只是用來睡覺的空間。對於什麼都要做好，個性俐落的珍景來說，現在的自己有點陌生又熟悉。

生活不可能十全十美，對於追求完美的人來說，要開始很難，而一旦開始就必須超越成功的一半。具有完美主義傾向的珍景，有時甚至還沒開始就一團亂了。就像現在一樣，全身彷彿發出咣噹咣噹的金屬聲翻來覆去，直到「嘎」一聲才停下來。關上門靠在牆上，看著亂七八糟的房間，珍景突然濕了眼眶。

「想做」和「必須做」是兩碼子事，但兩者經常混淆。如果無法區分清楚，就會產生一種錯覺，也就是把想做的事當成必須做的事，把必須做的事當成想做的事。

還有一個更大的問題是「必須好」，不能隨隨便便，而是必須做的很好。但好沒有標準，只是無條件督促自己做到「毫無瑕疵」。最終，完美地扮演好社會賦予我的角色，成了我的願望與人生目標。但要實現這個目標並不容易，因為過程中不能容忍一點失誤，要格外慎重。考慮的事情變多，感覺一天的時間太短，生活變得枯燥無味，也越來越艱難。

想太多的珍景為什麼會崩潰呢？在聽到同事的評論而停下思考的她，這才意識到自己魯莽地攬在身上的重量，心裡有個聲音告訴自己「馬上放下」，於是回到家裡。但回到家卻又不知道該放在哪裡，可以直接扔掉嗎？她一時卸下緊繃的精神，感受到背負的重量，這時呈現在眼前的凌亂房間終於擊倒了她。四散的衣物彷彿在指責珍景的懶惰和無能，嘲諷她說這些就是妳該做的事，妳逃避不了。

當留到最後一刻的一點點意志也消散時，熟悉的無力感向珍景襲來。那是過去那段稱讚和壓迫巧妙重疊的時期，對什麼都要求完美的她來說，如果做得不好，就會成為毫無價值的存在，她哭喪著臉像個孩子直跺腳。這熟悉的無力感就像是為了得到認可而緊握雙手奔跑，卻不慎摔倒而哭喊著的孩子。

鎖住被囚禁的情緒

炯植的人生一直都很平順，不，應該說平順是他自己的想法。生長在外人眼中的「正常」家庭，父母各司其職，他是備受雙親重視的寶貝兒子。有機會一家人就會一起去旅行，皮夾裡一定都放著一張全家福照片。父母的經濟能力游刃有餘，想買什麼幾乎都能如願，對孩子的要求也盡量滿足。

但是，在這一切美滿和諧的背後有一個條件——不能表達任何情緒。炯植不能耍賴、不能哭、不能發脾氣，有時甚至連正面的情緒也被禁止。小時候只要稍微耍個脾氣就會受到處罰，不是沒收玩具，就是不能吃飯。到了青春期，手機被沒收，還曾被趕出家門。

剛開始輕微的反抗被無情踐踏了幾次之後，炯植選擇屈服。麻痹情緒是最容易生存的方法。表面上看起來很平靜，沒有情緒起伏，但其實炯植只是一直將湧起的情緒原封不動地鎖在心底。

某天公司發生的事，讓一向被稱讚是積極正面的炯植也無法忍受。部長只要有需要就會使喚員工做事，如果沒按照他的意思做，導致他受波及的話，會毫不留情的指責下屬，並且說一些刺激對方情緒的難聽話。

炯植聽了心裡就像活火山一樣不斷燃燒，但他卻無能爲力。尤其每次聽到後輩們的抱怨，他的無力感就會越來越重。那天在開完重要會議後，炯植乾脆閉上嘴巴。

同樣的情況，每個人會有不同的感受，因為人的情緒會有自己的特色。有些人會盡情展現自己的性格，有些人則會用保護色隱藏自己，就像隱藏的畫中畫一樣。另一方面，情緒本身也是一種能量，讓人決定要不要做某件事或是選擇逃避。

既是自己的性格，也是能量，情緒被削去的童年經歷就像發生事故一樣。失去了自我認同的最基本顏色，重要的能量被掩埋。只是因為年紀小、沒有意識到而已，但充滿體內的情緒在無法承受的刺激面前吞噬整個身心。這不是感受到憤怒的吶喊，而是直接跳進火坑了。不是因感到悲傷而流淚，而是理解到生活已被悲傷蠶食到只剩下陰暗面。

炯植已經壓抑、迴避了很多情緒，將它們關進心底的監獄裡。只要被關在監獄裡的情緒有升起的跡象，就會立刻壓制，在適當的界線內妥協。就這樣，炯植維持著表面平淡的情緒，卻遇上即使是對好好坐著的人，只要看不順眼就罵的部長。

不知所措的情緒敲打著炯植的心，炯植把那些情緒當作重刑犯一樣緊緊鎖住。因為不服輸，他誓言「不會被部長的攻擊動搖」，不再發言，也閉上了心門。就像是在報復小時候把他變成火球的父母一樣，自己點燃火苗。炯植的無力中有著他在自我表現受挫的漫長歲月裡，感受到的憤怒、孤單、絕望和嘲弄。

接受意志力有限的法則

我們的能量是有限度的，選擇和促進某件事的「意志力」也是如此。

無論多麼健康，無論內在動機多麼強烈，我們都必須承認如果消耗的能量、意志力超過極限時，就必然會感到疲憊。

這時所謂的「無力感」就是提醒自己「應該休息一下」的信號。也許是在無心的情況下太多的事紛至沓來，讓我把自己珍貴的生命力都獻給在我力量以外的角色——在家庭中成為媽媽、爸爸，或是仲裁者、決策者等。或是在忍受、堅持之際，也會過度消耗能量。就當是突然跌坐在地上，就順便休息一下吧。情緒終究會過去，意志力需要時間才能再度充滿。現在能做的事，還有必須要做的事，就是撫慰已經筋皮力量的自己，填滿站起來的力量。

也可以試著依靠某人。會有情緒也是因為需要能量，找個值得信賴的人，不管是朋友、家人或專業諮詢師談談，獲得安慰。在公司或家裡都好，即使不具體說明狀況，也可以試探性的尋求關心，或提醒別人不要刺激我，用任何方式表達都好。

或許你已經沒有說話的力氣，但即便如此，還是要避免獨處讓自己孤立。一個人胡思亂想很容易會越來越消極，如果無力感再加上憂鬱和絕望，就會更難承受。

至少要拋出現在心裡很痛苦，需要幫助的信號。如果還有一點說話的力氣，就不要拒絕別人的提問，一點一點地敞開心扉。就像給汽車加油一樣，打開蓋子，把油箱裝滿。不是只有你的油會耗光，所有人都會面臨這樣的時刻。

喚醒生活的感覺

如果有了力量，就傾聽自己內在的生活動機吧。沒有什麼是理所當然的，如果一直都懷著「理應那樣做」的想法，無視內在動機，一直過著枯燥乏味的生活，那麼現在是時候換個想法了。

《寫作的感覺》一書的作者詩人朴蓮浚說，我們都可以成為詩人。不，應該說已經是詩人了。看似平凡的日常生活，你曾經在什麼時候默默觀察自己的狀態，並試著描寫出來嗎？你曾經在心裡試著描繪與孩子說悄悄話時的心情，或是有等待開往梧琴站的地鐵時，等到「雙腿發麻」的經驗嗎？

我們都是詩人，因此不要輕易忽略生活的感覺，應該更充分感受生活，發揮創意用比喻的方式描述自己的心情，以及與他人的關係，還有對這個世界的喜悅和悲傷，就連自己疲憊不堪的心也能像詩一樣表達出來。

讓我們點亮心靈的創意力吧。就算沒有什麼特別的，只是日常對話，也可以把焦點放在這句話上，當你給予特別的關心時，生活就會有了韻律。當你以為正在走路，卻發現不知什麼時候已經跳起舞時，一定會很激動。讓平靜流洩的音樂帶著輕快的節奏觸動生活，那麼無力的心靈就會伸展枝葉，重新甦醒。

·

逃跑也有幫助

廣播節目中有人點了一首流行歌曲《We're All Gonna Die》，他說聽到這首歌的第一句就有解放的感覺，似乎可以放下盡力做好每件事的心。

「*Instead of fixing problems, I just run away. I save it for another day.*」

這句歌詞的意思是：「我沒有解決問題，而是逃跑了。我把它留給另一天。」這真是令人感到痛快的歌詞。

雖然說不要逃避，要面對問題，但有時候先暫時逃跑也不是壞事。雖然說今日事應該今日畢，但有時延到明天才是更明智的判斷。在力量差異很大的戰鬥中，很明顯會輸掉的時候；遇到猛獸就快要沒命的時候；在山上意外遭遇土石流的時候，該怎麼辦呢？

必須逃跑。也許我們已經忘記了這個最單純的生存技術，或是輕忽了這個生存技術。當然，再堅持一段時間，閉著眼睛向前走有時也是必要的。習慣性逃避問題、逃避衝突的態度必須改善。但是，在必要的時候，還是要掌握「逃跑的技術」。

如果控制隱隱讓你有窒息的感覺，那麼首先要擺脫那個環境，向外走一步試試。當事情像土石流一樣向我襲來，如果不是很緊急的事，就先掩蓋起來。就算有很多工作要處理，也不要忘記將能量充飽是優先要務。當無情的對手像要吞噬我一般的宣洩情緒時，就逃跑吧！

如果透過逃跑承認自己的侷限性，同時用與以前不同的方式看待生活，那麼逃跑就不見得是壞事。當你這樣想時，會發現無力感意外地只是輕輕拂過而已。不是所有的事都能如己所願，其實生活早已超出人類可以控制的範圍，所以我們怎麼會不感到無力呢。

Tip

我們的能量是有限度的，選擇和促進某件事的「意志力」也是如此。「無力感」就是提醒自己「應該休息一下」的信號。

十三 人生最好的伴侶就是自己

——關於疏離

討厭敏感的自己
雖然在一起，但感覺卻像一個人
不想受到關注
有時身體比你想得還快
無條件站在你這邊

某天晚上對著月亮許願，突然好奇月亮的內心。看著平時不以為意，但一年一次會以懇切的心情向自己許願的人類，月亮會說些什麼呢？在那樣高的天空中獨自繞行地球，突然感覺有些淒涼。「看著月亮許願」，切實體現了遙遠月亮的存在，或許正是為月亮舉行的儀式，想想覺得有點難過。雖然存在於眾多星星當中，雖然與無數人類的生活連結，但孤零零的月亮會有什麼樣的感覺呢？

只有我一個人的教室；同事們都外出用餐只有我一個人留在辦公室的午休時間；在家裡五個小孩中唯一個性內向的孩子，在那些漫長歲月裡，所有疏離感留下的痕跡，並不亞於其他任何情緒，刻印在心中成為傷痛。話說回來，我總是一個人看著月亮。

討厭敏感的自己

下班回家的路上，基燦數了一下今天一整天自己到底說了幾個字，想想這樣下去，嘴唇該不會因為常常閉著而黏住打不開吧。突然感到一陣焦慮，他走進一間便利商店，向親切的店員打招呼，問了個無聊的問題：買一送一的豆漿可不可以先拿一瓶，另一瓶寄放在店裡？最後他買了香菸和口香糖，走向地鐵站。

地鐵裡擠滿了人，站在人群中一邊努力穩住身體一邊滑手機時，總是會羨慕那些有位子坐的人，可以舒服又開心地滑手機。現在的電影或電視劇都不好看，網路新聞都是政客們為了某個政策或事故吵來吵去，令人感到厭煩。沒有人會打電話會傳訊息來，在社群網路上瀏覽陌生人的私生活也已經感到無趣，基燦變得鬱鬱寡歡。

從小就經常有人說基燦「很敏感」，事實上他確實有點愛挑剔。他很容易事先擔心，又很快覺得厭倦，在人們面前會很緊張，總是很嚴肅、古板。交朋友也一樣，他不會主動接近別人，即使有人靠近，他也會表現得猶豫不決，很難接納別人，最後對方便漸漸疏遠了。

然而在童年時期，沒有人曾經關心或撫慰基燦敏感、脆弱的心靈。母親體弱多病，父親為了養家、照顧母親而拚命賺錢，基燦得不到任何關心。他一刻也無法放鬆，當需要有人擁抱告訴他「沒關係」時，他的心裡會警告說：「不行！」當需要有人關心他「心情還好嗎？」時，周圍卻只有可怕的沉默。明知不會有答案卻仍渴望關心，是一件很痛苦的事，因此在成長過程中，他只能努力控制自己的心。

就這樣，基燦把自己包裹得密不通風，別人有心想接觸也沒有辦法。他也很難愛上別人，只是一再重複幼年時期的經歷。但現在基燦真的不想再獨自一人了，他想有個歸屬，與某人在一起。

自認「敏感」的人，會責怪自己總是對別人挑剔，嘮嘮叨叨，給別人造成傷害，陷入自我厭惡之中。但是如果仔細了解他們，會發現實際上他們因為敏感的個性，記憶裡幾乎沒有得到照顧或安慰。敏感是天生的性格，但是卻沒有得到應有的尊重。越是敏感的性格，就越需要小心關照。

對自己無法改變的天生性格受到指責時，會打擊自尊心，一想到「有誰會喜歡這樣的我？」就會從敏感變成恐懼，不願與人接觸。即使見到老朋友，或是難得認識新朋友感覺開心之際，只要一想到「等他認識真正的我之後，就會離開我」，於是踩著沉重的腳步先轉身。因為不想重複莫名的憂鬱，所以選擇熟悉的孤立，除了我以外，別人都可以相處得很好，心裡感到一陣淒涼，再次確認「果然是我的問題」。

基燦長久以來都把自己想要的東西推開，只是埋怨自己。如果對方不主動靠近，基燦更不會先接近對方，因為他認為自己一定會被拒絕，像自己這樣敏感又挑剔的人沒有人會喜歡。當我對自己都不滿意時，要鼓起勇氣更是難上加難。

可是，現在基燦不想再被孤立了，他想與別人建立連結。基燦的鬱鬱寡歡，說明了現在是時候擺脫熟悉的疏離感了。

雖然在一起，但感覺卻像一個人

在公司的時間感覺越來越難熬。和久違的朋友們聊到，都已經來到半百的年紀了還能做什麼？大家笑著說答案就是「死撐」啊，但各自轉身後面對的道路卻很淒涼。「孩子們長得快，補習費也變多了，真的要好好撐下去才行啊……。」一想到這裡不由自主地嘆了口氣。民河已經戒菸了，但此刻真想來一根，於是他走向便利商店。到了櫃枱前，前一位客人還在結帳，民河等了一會什麼也沒買就走出來了。路過肯德基時，想到要不要買兒子喜歡的炸雞套餐回去；經過麵包店時，心想或許還有女兒愛吃的麵包，但他的腳步卻未停下，繼續往前走。

「不知道老婆在不在家？」不知從什麼時候開始，不管買什麼回去，家裡都沒人覺得開心，甚至不在乎進門的人是誰，看到這樣的妻子和孩子，民河覺得不知所措又難過。追究起來，「都是因為公司工作太忙，所以不夠關心家裡。」這麼一想，悄悄湧起的委屈感進入民河心裡。但現在這又是什麼感覺？民河有些鬱悶，雖然在一起，但感覺像是一個人，雖然很鬱悶，但是無法擺脫，也不想擺脫的迷惘。不是想自由，而是害怕自由帶來的東西，讓民河覺得悵然。

民河從小就經常有疏離的感覺。前開始是因為責任感，越想做好一件事，就越會成為獨自一人。小時候對弟弟很嚴厲，也是因為認知到自己身為哥哥的責任。後來有了自己的家庭，為了養育孩子，他努力工作賺錢，因為他認為這是一家之主的責任，遇到困難表現出來並分享是不負責任的態度，所以他從不表達，並期望家人可以理解。民河的努力讓他晉升為部長，升職後他更嚴格要求屬下，因為他覺得這是身為部門主管的職責。然而隨著時間流逝，民河就像失去黏性掉落的零件一樣，從各種人際關係中脫離。

我們在生活中感受到的幸福感來自關係。回想一下小時候在學校得了獎拿著獎狀回家，心裡撲通撲通的是為什麼呢？也許是期待有人在家，期待聽到媽媽或爸爸開心的稱讚，所以在進家門前格外興奮。但如果進了門，卻發現家裡一個人也沒有，面對空蕩蕩的家會怎麼樣呢？或者在家裡等著的是憂鬱的媽媽、喝醉酒的爸爸，毫不在意地瞄了一眼獎狀說：「不要太驕傲啊。」孩子聽了會有什麼感覺呢？

原本期待幸福的心，會像洩氣的氣球一樣瞬間變小，感到傷心、難過。受了傷的孩子也許以後對任何事都不再有期待，反正得獎了也沒有人稱讚，不會有人跟他一起開心，頂多就是得到一點成就感而已。也許反而會覺得空虛。想要感受幸福，就必須與人同在。當我們不是獨自一個人，而是在某個地方與一群人一起慶祝時，不是會覺得很幸福嗎？

民河現在需要的是自己所愛的人。身為人父、人夫，他一直希望能善盡自己的責任，這也是出於讓家人可以有更好生活的想法。但就像他照顧家人一樣，民河也希望得到照顧。然而渴望愛與照顧的心受挫，讓民河感覺被冷落。與家人漸漸地無話可說，感覺自己在家中的位置越來越小，疏離感就越來越大。就像小時候，努力獲得獎狀，回到家卻沒人可以分享、沒有人稱讚。這樣的情況在長大後也會反覆出現。

當下定決心對任何事都不再有期待，代表心已經受到傷害，而非真的不再期待。沒有人可以一起開心，沒有人能夠分擔痛苦，年屆半百充滿疏離感的民河需要愛和照顧，就像重新變回小孩一樣。

不想受到關注

素蘭每天早上都煩惱要穿什麼出門。塞滿衣櫃的衣服看起來只是為了填滿空間一樣，寒酸又醜陋。每季都重覆著買了新衣服又後悔的模式，但每次出門還是覺得穿著不滿意。選擇黑色或米色這類安全色系的衣服就比較不會後悔，但為了避免後悔，就得穿著這種沉默氛圍的衣服過日子嗎？或是大膽挑戰，克服害羞，讓人驚豔呢？在挑選衣服時，思緒瞬間像掉落水中的棉花球一樣變得沉甸甸。在上班尖峰時間的地鐵上，一天的意志力已經耗掉一半了。用剩下的一半結束一天的工作後，素蘭總是筋疲力盡。不久前她開始聽古典音樂頻道，幸好還可以幫她補充一點意志力。

這天上班通車時間她也聽著廣播，在廣播中會介紹一些聽眾投稿，關於自己與音樂的故事，都是輕鬆的內容。但這天的故事卻像閃電一樣直擊素蘭的心上。

故事中的主角表示自己在大學時期曾受到同學排擠。因為本身就很內向，小時候經常搬家，每次換一個新環境要適應都像是一場艱難的戰鬥，所以常常精神緊繃。不過一直到高中為止，每換一個新班級都會交到好朋友，所以學校生活還算順利。

但是上了大學，人際關係與學業都面臨新的挑戰，讓她茫然不知所措，又回到以前那個不安的狀態，無法理解別人的話或行動，漸漸地成為「邊緣人」。當時她保護自己的方法之一，就是穿顏色單調的衣服，那樣讓她在人群中不至於太顯眼，像影子一樣不會被注意到，比較安心。當時還有一個唯一帶給她力量的朋友，因為那個朋友喜歡古典音樂，所以點了一首當時常常一起聽的曲子，李斯特的《安慰曲》。

節目播放的是韓國鋼琴家趙成鎮演奏的版本，隨著流瀉的琴聲，曉蘭的眼裡噙著淚水。無論在家裡或學校，總是獨自一人的小素蘭，隨著故事、隨著李斯特的《安慰曲》成為背景掠過。今天早上出門前猶豫不決，最終還是選擇黑色衣服的成年素蘭，緊緊握著小素蘭的手。

在意別人如何看待自己的同時，也讓自己變得畏縮而寒酸。會在意別人的視線，代表對自己沒有自信，更何況我們不可能讓所有人滿意。因為各式各樣的人都有，每個人的取向不同，所以不可能滿足所有人的喜好。根據不合理、不安定的標準評價自己，得到的結果會左右我的情緒。情緒隨時波動，把精力浪費在沒有用的地方，只會錯過真正重要的事情。與自我表達想法和夢想的距離越來越遠，人也會變得越來越不了解自己，失去活力、失去魅力。

在人格個性形成的重要時期，素蘭無法發揮天生的氣質。身為外向性格家庭中唯一內向的人，她沒有被理解。為了尋求歸屬感，她努力找類似的色彩搭配。就像安徒生童話《醜小鴨》裡的天鵝，努力讓自己看起來像鴨子一樣。

當「不同」被解讀為「錯誤」的氛圍中，因為擔心出錯而藏得嚴嚴實實的「不同」，經常會因羞恥心而收斂。內在帶著羞恥生活的人，很容易變得畏縮和孤立。素蘭的疏離來自於天生的性格和真實的情緒的表達受挫，無彩色、毫無存在感的她的情緒變得像空氣一樣無色無味。這是一場安靜的示威，她不想再失去色彩，不想再與這個世界疏離了。

有時身體比你想得還快

小時候，在班級裡獨自一人時是怎麼度過的？如果當時的心情不愉快地反覆著，那就嘗試一下與當時相反的做法吧。如果在學校時午休時間總是趴著假寐，那麼在公司就跟同事們一起出去吃午飯吧。在想要趴下的瞬間，讓身體反制腦中的想法站起來。即使無法馬上和大家打成一片也沒關係，只要站起來，就會是一個好的開端。

參加同學聚會時，常常腦筋一片空白地聽朋友說話嗎？還是在意別人眼中的自己而坐立不安呢？那麼在這次聚會時，就來談談你所感受到的疏離感吧。或是談談在公司受到的壓力，回家面對父母時感受到的鬱悶，或許有人會認同我的感受，也許出乎意料之外的多。

想法、情緒和行動是相連的，所以毫無計畫就開始新的行動時，情緒也會跟著變化。如果不喜歡色彩單調的衣服，想表現自己，就大膽地穿華麗的衣服走出門吧。你會發現其實沒有那麼多人在意你的穿著，會感到安心。或者意外地會有朋友說很適合你。不管別人怎麼看，做自己想做的事就是一種自由。就這樣一步一步往前走吧。

無條件站在你這邊

然後，練習成為自己的好朋友。我想要什麼樣的朋友？或是想成為什麼樣的朋友？當個會詢問對方意見，並給予理解的朋友，或是能尊重、妥協，溫柔對待彼此的朋友怎麼樣呢？就讓自己成為那樣的朋友吧。

對自己在人群中感受到的疏遠感產生共鳴，安慰自己說：「這段時間應該很辛苦吧。」進一步想想，當我展開新的嘗試時，好朋友會給我什麼建議。這種時候站在相對的立場上也是有幫助的。當我珍惜的朋友說在家裡感到被冷落、或者雖然很困難但仍想要與家人連結並得到愛時，我會提出什麼樣的建議？

引導改變的好方法之一，就是直接把情況說出來。像民河的狀況，可以這麼說：「最近公司的事情很多，升職後壓力很大，所以沒有時間顧及家裡。孩子們越來越大，多了很多要決定的事，老婆一個人一定很辛苦吧……。」把話說出來比較能夠客觀地了解情況。在了解的過程中也會發現解決方案。

比起沒有得到照顧而感到遺憾，更在意自己沒照顧好家庭的民河，可以推倒心裡那道牆，表現自己感受到疏離，尋找對話的管道。自行尋找解決方法可以強化改變的動機，引起良性循環。

我們有時會因怨恨和委屈而隱藏自己脆弱的心。然而，如果懷著「我一直都很努力，為什麼把我排除在外？」的想法進行對話，最後必然會起衝突。對方不會接受這樣的我，所以我要先成為自己的好朋友，讓我的心變得柔軟。如果覺得有困難，也可以尋求專業諮詢師的協助。

疏離感或許比任何情緒都更難以面對，因為要「獨自」感受一個人的感覺。一旦感受到疏離，發現無法逃避時會產生恐懼。但我們要記住，每個人都會有孤單的時候，只要是人，也都可能會感受到疏離，這是一種實存的痛苦，如何承受並繼續往前走就是我們的人生課題。

Tip

不管別人怎麼看，做自己想做的事就是一種自由。就這樣一步一步往前走吧。

十四　不幸的人執著於自己沒有的

——關於嫉妒

不想承認
應該是屬於我的，但我並不愛
誰都贏不了我
羨慕就羨慕吧
更愛我和你的機會

收留了一隻被棄養的貓，一起生活了二年多。每天晚上貓咪都在房門前喵喵叫，心疼牠或許是因為孤單才一直叫，所以領養了第二隻貓。第二隻貓出生還不到一個月，小小的可以直接放進口袋，得用注射器餵奶，吃飽後就會窩在沙發角落睡覺，那模樣實在太可愛了，家人害怕會不小心踩到牠，連走路都戰戰兢兢地。小貓受到全家人的關愛。

不知不覺忘了當初決定領養小貓的理由。大貓晚上不再喵喵叫了，但沒過多久，便開始亂尿尿，有時候在鞋櫃裡，有時在貓砂盆旁邊，後來甚至還會在客廳裡大便。大貓在屋內的各個角落安靜地留下痕跡。原本除了晚上喵喵叫之外，沒有其他表現存在感的大貓，因為曾被棄養而膽小，一見到陌生人就會躲起來，如今安靜地展開報復。

嫉妒是因害怕產生的憤怒。東西被搶走了很生氣，但其實不確定那個東西是不是真的屬於我，所以沒有自信。因為害怕確認發現原本就不屬於我，所以悄悄醞釀復仇的情緒。即使知道那種情緒最終會傷害自己，也無法停止。

不想承認

書琳有時候會覺得這個世界上好像只剩下自己。她有父母、有姐姐、有好朋友、有工作、凡事都做得很好，但她仍然有寂寞的時候。雖然是親姐姐，但有時互動卻像陌生人，而一直照顧姐姐直到成年的父母也一起變得陌生。

難得回老家過節，離開時書琳的心情很複雜。爸爸一如往常的說：「再多留一天吧。」但書琳連藉口都不想找，無視爸爸的挽留執意離開。唯有這樣，她的心裡才會舒服一點。她不想再費盡心力說服，把能量耗盡後，帶著疲憊和又不情願的心情，痛苦地多留一個晚上。

書琳的姐姐出生時患有發育上的障礙，原因不明，主要是在社會性發展過程中出現障礙。從那時起，父母全心全力照顧姐姐，每天往返於醫院和諮詢中心，為了姐姐花費大筆金錢。因為要花很多錢，所以還得拚命工作。原本夢想有個溫馨家庭，如今讓人感到非常鬱悶，照顧孩子的壓力和罪惡感，讓生活變得越來越沉重。就這樣過了兩年後，書琳出生了。

或許是生活有了一定程度的穩定之後，父母開始把新的希望寄託在老二身上。書琳似乎很了解父母的期待，長得可愛而且很健康，再加上各方面的發展都很迅速，書琳就像是為了補償父母而誕生似的，充分發揮了自己的作用。書琳感受到父母的愛，她想要更多，於是便更努力。不可諱言她是個值得驕傲的女兒，但父母還是把較多心力放在照顧姐姐，讓書琳很不能接受。當聽到說她嫉妒心強、不體貼時，她就像被鞭打一樣疼痛。

長大後的書琳，一心想擺脫填補姐姐空位的陰影。她懷疑爸爸媽媽不是真的愛她，心中累積了無法要求的渴望，讓她甚至產生了乾脆斷絕關係的想法。她討厭只顧滿足自己需求，並未把她放在眼中的父母。

在成長過程中兄弟姐妹之間會產生嫉妒和猜忌是很自然的事。當老二出生，對老大來說，就是地位被搶走了，還有人說：「就像伴侶把外面的戀人帶進家門時的感覺一樣。」自然生成的嫉妒心只是程度上的差異而已，如果家裡兄弟姐妹多，這就相當於必經的過程。但是如果其中存在了變數，情況就會不同。

「絕對不能嫉妒」是什麼樣的規則？如兄弟姐妹中有一個人患有殘疾，那麼「自然而然的嫉妒」就會因為各種原因而變得複雜。書琳感受到的嫉妒就是如此，姐姐患有殘疾，理應得到較多的照顧，這點為什麼不懂呢？雖然為了照顧姐姐，父母無暇顧及書琳，但她還是很健康的成長；她感受到的情緒無法與生病的姐姐或父母感受到的負面情緒相比較。書琳沒有為自己的情緒找到正當性，當某天發現自己嫉妒姐姐而感到羞恥，所以更想隱藏起來。

但是對於書琳來說，這是必然會有的情緒。小時候要求關愛和照顧不是理所當然的嗎？明明不是我的錯，卻要我不得不放棄自己應該享有的關愛，那些遺憾、傷心，渴望愛而生氣、鬱悶的情緒，真的都是錯誤的嗎？在與無法合理化的情緒對抗的過程中，書琳產生「我的存在只是為了彌補姐姐的空缺嗎？」這種想法，甚至懷疑以前感受過的關愛是不是真的。書琳的嫉妒，代表的其實是失落和孤獨的心靈希望得到認可。

應該是屬於我的，但我並不愛

一大早電話鈴聲就不停的響，揹著書包出門的兒子，在玄關丟了一句「快接電話。」但智賢說什麼也不接。

結婚十五年了，要說有什麼改變，就是焦慮感消失了。不會再因為不想接婆婆的電話，卻又不知該怎麼辦，而讓電話鈴聲震到耳朵發疼。只是淡然地想今天不知道又有什麼事，一直到做好心理準備為止再進行下一步。十五年了，智賢的身上也長出了堅硬的盔甲。

當初智賢決定和與母親相依為命的男人結婚時，很多人都勸阻她，說結婚後有很多現實面的問題，問她真有那麼喜歡那個男人嗎？男人說婚後家裡大小事全都聽從智賢的決定，她也相信自己在任何情況下都能有智慧的應對並安然堅持下去。

雖然不理會周圍人的反應，但智賢的內心十分複雜，總是想起朋友說：「有那麼喜歡那個男人嗎？」事實上很想說選擇他的理由是「沒什麼不好」，但還是忍住了，因為還要準備婚禮。

但是智賢無法欺騙自己，她比任何人都感情用事，一旦陷入愛情就無法自拔，經常受到傷害，非常痛苦。所以就算是為了希望她過得幸福的父母著想，她也不想再談戀愛了，建立安穩和諧的家庭，過著平靜地生活是她的夢想。而且有個很不錯的人喜歡我、頻頻對我示好。如果對方愛我比我愛他還多，這樣不是最好嗎？

但結婚後發現當初所想的全都錯了，智賢被消極的想法束縛，沒有時間去愛丈夫。而婆婆像失去地位的前妻一樣對智賢充滿警戒，一到節日就像使喚女傭一樣指使她做家務，一邊悄悄地把兒媳婦的位置從餐桌上挪開。在「和諧的家庭」中，智賢總是缺席，無論走到哪裡婆婆都會跟著。懷孕五個月決定去旅行進行胎教的智賢，在旅行景點遇到早已在那裡等待的婆婆時，瞬間感受到心臟咚地一聲沉下去，取而代之的是滿滿的無奈。

明明選擇了一個愛她比較多的人，現在智賢卻彷彿成了向有前妻的人乞求愛的人似的。在毫無希望的婚姻生活中，智賢對婆婆的厭惡與日俱增。覺得她膽敢搶我丈夫實在很可惡；竊取屬於我的愛情的女人更是面目可憎。智賢對婆婆的憤怒從未隨著與丈夫之間漸行漸遠而消失。

愛很難。當愛變得困難，往往是從認為彼此的心可以改變開始。但愛不是永恆的，萬一對方的心比我先冷卻呢？一旦認為對方心裡想的與我不同，就會開始懷疑和不安，每天情緒會起起伏伏。這真是很辛苦的事。

如果彼此立下誓言要一輩子維持這份愛呢？所以人們才會說婚姻沒那麼簡單，婚姻除了感情，還有兩人約定好並相信彼此，即使感情淡了也能維持良好關係，共享更多的東西，也會暴露在更多的矛盾中。因為是有法律依據的穩定關係，所以更容易在無防備的狀態下展露出彼此真實的一面。但婚姻不像戀愛，隨時都可以分手，對另一面意想不到的模樣感到失望，發現原本信任的他只是個假象，心裡會覺得很混亂。

不想再陷入感情漩渦中，平靜的累積感情，一點一點實現愛是智賢的夢想。她知道自己如果愛得太多會很痛苦，所以選擇與一個沒那麼愛的人結婚。表面上看起來她像是對感情不再有執念，但實際上這是為了尋找另一種愛情的可能性而冒險。

婆婆無情地踐踏了智賢對愛的期待，沒有站在自己這一邊的丈夫讓她感覺被背叛，而這種背叛感又讓智賢很自責。「因為我實際上並沒那麼喜歡他，所以他不愛我是理所當然的。」

愛是不能強求的，一開始沒有表現出期待，就要像從未有期待那樣走下去，才能減少傷害。智賢對婆婆有增無減的憤怒和嫉妒裡，包含了對丈夫背叛自己的憤怒，更氣自己拿自己的人生冒險。

誰都贏不了我

最近鎮旭很容易生氣。一同踢足球的後輩沒有傳球給他，或是在咖啡店隔壁桌大聲講電話的男子等，這類瑣碎的小事都會令他不滿。另一方面他也擔心突然湧起的情緒會引發問題，而時時感到不安。

真正令他火冒三丈是上個月底在公司，因為組織調整，部門意外地獲得人力補充。剛開始鎮旭很高興，因為多了可以分擔工作的同事，但同時他也有點警戒，因為明年差不多該升職了，擔心在工作上表現的機會被別人搶走，所以他心裡也有點著急。不過鎮旭還是很有自信，因為有很多後輩跟隨他，上司也很重視鎮旭的能力。

新來的同事是個誠實、大而化之的人，看起來不是精明、幹練的風格。部門同事很快就接納了他，相處很融洽。且不論工作能力，大家都對新同事好評不斷。從這時開始，鎮旭隱隱感覺憤怒。其實新同事的到來對鎮旭的工作表現並沒有影響，但他就像自己的成果被奪走一樣感到很空虛。別人對新同事的稱讚似乎本來應該是給我的才對，這種想法讓鎮旭無法忍受，開始思考怎樣才能證明自己更出色。結果卻是因此而睡眠不足，注意力不集中，反而在工作上無法發揮應有的能力。

鎮旭突然有一種熟悉的既視感。高中時有個同學每次都鎮旭爭奪第一名。不管鎮旭多麼努力取得好成績，耳邊似乎都會聽到媽媽的聲音，叮嚀他好還要更好。媽媽總是拿他跟同學比較，常常有意無意的問：「○○這次考幾分？」「聽說○○當上學生會長了？」讓鎮旭心裡感到不是滋味。

「我可以做得更好！」「你算什麼東西！」這些句子彷彿沿著血管漫延到鎮旭的全身各處，成為他快速進步的動力。他並不討厭競爭性的運動，反而很喜歡。在學校考試可以用明確的分數評斷好壞，但公司的業務卻無法，這就是問題所在。鎮旭怕看起來不如自己的新同事搶走成果、搶走職位，焦躁不安的他越來越生氣了。

以排名來評價自己的地位和能力是多麼殘忍的事啊！人的價值被定義成數字，過程中所做的大小努力都被剔除。單純的標記讓我的存在變得渺小，只是表格裡的一個數字，這樣才容易與其他數字相比。雖然與他人比較很方便，但我們也想用理解自己的方式來評價。雖然用數字來評價很輕鬆，但也很容易讓人一蹶不振，甚至得意忘形。因為輕易就高漲的自信必然也很容易就下滑，因此依靠評價來確認自我存在的人會常常感到空虛。

因為工作能力出色而被稱為超人的鎮旭，總有一天終究會在比較中居於劣勢。如果他不能承認這一點，凡事都把自己推向競爭的中心，會有什麼結果？生活就像戰場一樣，對於會威脅自己的事物會特別敏感。無論表面上多麼親密，內心都會產生嫉妒和競爭，使關係變得冰冷。

溫暖的心中才會產生溫熱的情感，在充滿警戒的心中很難會滋生溫暖。鎮旭為了彌補自己生活中缺乏的溫暖，所以極度注重成果，如果沒有顯著成果就無法得到認可的童年記憶讓他更心急。對於鎮旭來說，他需要承認嫉妒，重新學習和培養他所沒有的人性態度和溫暖。

羨慕就羨慕吧

俗話說「羨慕就輸了」，羨慕是脆弱的情緒，也包含了「生活就像有輸有贏的戰鬥」的意思。很多人努力不去羨慕他人，就算有一點點羨慕也不能表現出來，裝作若無其事的樣子，暗地裡證明自己才是更厲害的人。但是羨慕真的是壞事嗎？事實並非如此，只是因為羨慕的情緒讓人不好受，所以人們會抗拒羨慕。心裡覺得痛苦不是因為嫉妒，而是來自於羨慕，同時又責怪自己把精力投入在做不到的事情上浪費生命。

我們通常不會看到自己擁有什麼，無法充分享受已經擁有的東西，所以才會覺得自己很不幸。所以「羨慕就輸了」這句話應該是告訴我們，就像現在這樣子也沒關係，這樣已經很幸福了。

先容許自己的羨慕情緒吧。這說明我想要得到某樣東西。當我們對自己沒有的東西表示哀悼，才能感謝已擁有的東西。勇敢承認羨慕，你會發現實際上沒什麼大不了的。

「仔細一看，其實也沒那麼好啊。」你可以更客觀的判斷。如果心裡想著「羨慕就輸了，我為什麼要羨慕？我討厭這樣，討厭讓我變成這樣的自己！」就很難客觀判斷，被壓抑的嫉妒心會影響生活。羨慕就羨慕吧，沒有必要努力逃避那種情緒，了解之後一切都會過去。

更愛我和你的機會

雖然承認嫉妒，但依然被強烈的情緒包圍很難表現出來的話，那就集中精力去看看隱藏在其中的其他情緒吧。被姐姐奪走父母的愛的妹妹，心裡會有多麼傷心和孤獨；在婚姻生活中失去自己地位的妻子，她的心不知有多淒涼；擔心自己的能力無法正常發揮而焦慮，對同事感受到威脅而不安。

讓我們走近由嫉妒心展開的心中角落。因為悲傷可能會流淚，如果能仔細傾聽，緊繃的心會馬上融化，滋潤並撫慰生活。想像在廣闊的大海中，在像大海一樣寬闊溫暖的媽媽懷裡撫慰我如刺猬般的心也很好。

「沒關係，沒關係，現在這樣就很棒了。」

被溫暖懷揣的心不知不覺產生了共鳴，找到了連接的線索，帶領我轉向我真正想要的生活。

因為嫉妒而展開報復的大貓，我花了一點時間給牠特別的待遇。換了新的貓砂盆，常常撫摸牠、陪牠玩逗貓棒。當不知天高地厚的小貓前來騷擾大貓時，出手制止和分開牠們。

就這樣經過一番苦心相伴，大貓原本到處亂大小便的問題自動消失。回想起來，應該謝謝從不隱藏情緒，無論如何都會表達出來的貓咪。以前只是不在意，但並非不愛你。

表達自己的情緒，就像給你我更相愛的機會。別再因為那些情緒太寒酸，所以想隱藏、裝作沒事。鼓起勇氣表達情緒吧，這將成為給彼此更愛對方的機會，讓我們身心更健康的機會。

Tip

當我們對自己沒有的東西表示哀悼，才能感謝已擁有的東西。勇敢承認羨慕，你會發現實際上沒什麼大不了的。

高寶書版集團
gobooks.com.tw

新視野 New Window 269
玻璃心是因為真的受傷了：
心理諮商師帶你看見 14 種被壓抑的內心創傷，讀懂深層情緒訊息
유리멘탈을 위한 감정 수업 : 사소한 일에도 상처받고 예민해지는

作　　者　李季貞 이계정
譯　　者　馮燕珠
主　　編　吳珮旻
編　　輯　鄭淇丰
封面設計　林政嘉
內頁排版　趙小芳
企　　劃　何嘉雯
版　　權　劉昱昕

發 行 人　朱凱蕾
出　　版　英屬維京群島商高寶國際有限公司台灣分公司
　　　　　Global Group Holdings, Ltd.
地　　址　台北市內湖區洲子街 88 號 3 樓
網　　址　gobooks.com.tw
電　　話　(02) 27992788
電　　郵　readers@gobooks.com.tw（讀者服務部）
　　　　　pr@gobooks.com.tw（公關諮詢部）
傳　　真　出版部 (02) 27990909　行銷部 (02) 27993088
郵政劃撥　19394552
戶　　名　英屬維京群島商高寶國際有限公司台灣分公司
發　　行　希代多媒體書版股份有限公司 /Printed in Taiwan
初版日期　2023 年 7 月

國家圖書館出版品預行編目（CIP）資料

玻璃心是因為真的受傷了：心理諮商師帶你看見 14 種被壓抑的內心創傷，讀懂深層情緒訊息 / 李季貞著；馮燕珠譯．-- 初版．-- 臺北市：英屬維京群島商高寶國際有限公司臺灣分公司，2023.07
　面；　公分．-- (新視野 269)
譯自：유리멘탈을 위한 감정 수업 : 사소한 일에도 상처받고 예민해지는

ISBN 978-986-506-748-9(平裝)
1.CST: 自我肯定　2.CST: 自我實現　3.CST: 生活指導
4.CST: 情緒管理

177.2　　112008167